八坂神社文書編纂委員会　編

新編 八坂神社文書

第二部

臨川書店刊

目次

鴨脚家文書

四〇　永禄九年四月廿三日　百姓室町頭ひこさへもん代畠預状……五四
四一　永禄九年四月廿四日　百姓東武者小路二郎ゑもん畠預状……五四
四二　永禄九年四月廿五日　百姓二本松太郎ゑもん畠預状……五五
四三　永禄九年四月廿五日　百姓東武者小路大森被官道ゆふ畠預状……五六
四四　永禄九年四月廿六日　百姓そうもんの筆屋ひこ五郎畠預状……五六
四五　永禄九年四月廿六日　百姓片岡辻子大森被官与七畠預状……五七
四六　永禄九年六月六日　中辻子与三郎畠作職預状……五七
四七　永禄九年七月六日　武者小路町又五郎畠作職預状……五八
四八　永禄九年七月廿八日　東武者小路二郎ゑもん畠作職預状……五九
四九　永禄九年七月廿九日　北小路かゝ方女房衆かね畠作職預状……五九
五〇　永禄九年八月十一日　竹村治昆大工田代物預状……六〇
五一　永禄九年閏八月廿三日　柳辻子与三郎畠作職預状……六一
五二　永禄九年十月廿二日　竹村治昆鴨西大工田年貢請取状……六一
五三　永禄九年十二月廿四日　竹村治昆書状……六四
五四　永禄九年十二月廿七日　柳沢久継畠作職預状……六四

五五　永禄九年十二月卅日　一条烏丸仏師屋中将畠作職預状　六五
五六　永禄九年十二月卅日　一条烏丸仏師屋中将畠作職預状　六六
五七　永禄九年　下鴨大工年貢請取算用状　六六
五八　永禄十年七月十三日　竹村治昆書状　六八
五九　永禄十一年十一月九日　播磨等祠堂銭借用証文　六九
六〇　天正二年十二月五日　若狭国丹生浦刀禰百姓中なりめの注文　七〇
六一　天正三年六月二日　粟屋勝久書状　七二
六二　天正三年六月十四日　若狭国丹生浦刀禰百姓中書状　七二
六三　天正三年六月十四日　若狭国丹生浦刀禰百姓中書状　七三
六四　天正三年六月十四日　若狭国丹生浦刀禰百姓中書状　七四
六五　天正三年六月十八日　若狭国丹生浦刀禰百姓中書状包紙　七五
六六　天正三年六月　和多田秀堅書状　七六
六七　天正四年十二月　柳原魚屋やさへもん丹生浦秋成公用銭為替　七七
六八　天正五年八月一日　若狭国丹生浦惣百姓中飯預状　七七
六九　天正五年十二月十八日　三郎四郎書状　七九

八五　天正十二年十二月十七日　鴨脚秀延若狭国丹生浦年貢銭注文……九六
八六　天正十二年十二月七日　若狭国丹生浦書付袋上書……九七
八七　天正十三年三月廿二日　甘露寺経元御教書……九九
八八　天正十三年六月十七日　中山親綱御教書……九九
八九　天正十三年七月廿一日　中山親綱御教書……一〇〇
九〇　天正十三年八月卅日　中山親綱御教書……一〇一
九一　天正十三年十一月八日　下鴨社雑掌松崎郷石高指出……一〇二
九二　天正十三年十一月十七日　下鴨社雑掌某松崎郷年貢注文……一〇二
九三　天正十四年正月廿一日　下鴨社一社連署替地請文写……一〇三
九四　天正十四年正月廿一日　下鴨社一社連署替地請文写……一〇五
九五　天正十四年六月五日　中山親綱御教書……一〇八
九六　天正十四年十二月二日　前田玄以書下案……一〇八
九七　天正十四年　若狭国丹生浦知行分注文案……一〇九
九八　天正十五年正月十日　某算用状……一一一
九九　天正十五年三月十三日　中山親綱御教書……一一二

一〇〇 天正十五年四月三日 中山親綱御教書……一一三
一〇一 天正十五年四月七日 中山親綱御教書奉書……一一三
一〇二 天正十五年七月廿三日 前田玄以下鴨社法式写……一一四
一〇三 天正十六年五月廿三日 中山親綱御教書……一一五
一〇四 天正十六年閏五月十三日 下鴨社氏人中連判請文……一一六
一〇五 天正十六年七月十日 梨木祐豊鴨社造宮願書……一一八
一〇六 天正十六年七月十日 伊直鴨社造宮願書……一一九
一〇七 天正十七年六月廿日 預安数等茶屋地子請取状……一二一
一〇八 天正十七年七月十日 中山親綱御教書……一二二
一〇九 天正十八年五月 賀茂別雷社参詣祈禱巻数案……一二三
一一〇 天正十九年正月廿八日 増田長盛書状案……一二三
一一一 天正十九年閏正月二日 岡本保望書状……一二四
一一二 天正十九年五月一日 前田玄以書状……一二五
一一三 天正十九年八月三日 増田長盛等連署書状案……一二六
一一四 天正廿年正月二十五日 鴨社境内指出断簡……一二七

一三〇 慶長九年八月一日 鴨社祝叙位系譜……一七七
一三一 慶長十年七月廿日 五郎左衛門尉等茶屋請文……一七八
一三二 慶長十一年九月 鴨脚豊秀鴨御祖太神宮参籠祈禱巻数……一七九
一三三 慶長十一年十一月一日 鴨脚秀延申状……一八〇
一三四 慶長十一年十一月一日 鴨脚豊秀申状……一八二
一三五 慶長十二年五月 鴨御祖太神宮巻数……一八五
一三六 慶長十三年三月四日 御蔵入庄屋三河等愛宕郡鴨石高指出写……一八五
一三七 慶長十五年 鴨御祖太神宮巻数……一八八
一三八 慶長十七年五月廿日 柳原業光奉書……一八八
一三九 元和元年七月廿七日 徳川家康朱印状写……一八九
一四〇 元和元年八月 板倉勝重定書写……一八九
一四一 元和三年七月廿一日 徳川秀忠朱印状写……一九〇
一四二 元和三年八月廿八日 徳川秀忠朱印状写……一九一
一四三 元和三年七月 鴨御祖太神宮巻数……一九二
一四四 元和五年 鴨御祖太神宮巻数……一九二

第二部　鴨脚家文書

鴨縣主、十二所御崎神料ヲ請フ

御祖ト賀茂別雷ハ名ハ異ナルモソノ躰ハ一社

御崎ハ御祖ノ御料

一　鴨縣主惟長等連署解状写

可被置十二所御崎神料事

右、謹検案内、当社雖坐上件御崎、未申請其料、而賀茂別雷社申請其料、可被置彼社其料者、当社何無其料哉、仍言上如件

以前條事言上如件、抑御祖・賀茂別雷雖異其名、其躰一社也、若有相違者違例之職歟、仍勒在状謹解

寛治四年三月廿四日

権祝代官　鴨縣主惟長

権禰宜　鴨縣主季長

祝代官　鴨縣主惟久

禰宜　鴨縣主惟季

（被定置）加茂下上大中小之御料員数

寛治年中ニ別雷社〇（被置）小社御崎御料、御祖社〇（雖申請〇（小社）御崎料）無其御沙汰故ニ重而言上、祠官等以連署如右、御崎文字有子細見旧記不及注之、御崎ハ小社之御料也トアリ

桙下ノ金華ノ御占ヲ請フ

二　鴨縣主光家・祐俊連署占言上状写

鴨御祖社司等言上
欲早被行御占今月十四日未剋西宝殿登階高欄東脇桙木下金華開事
右、件金華任例為被行御占、言上如件
文永六年六月廿日　祝○正四位上鴨縣主光家
禰宜正四位上鴨縣主祐俊
右年号人皇八十九代亀山院御宇四百年餘ニ成
禰宜久祐ゟ写之、宝永弐年酉六月十八日

三　鴨御祖太神宮領伊豫国吉岡余田雑掌光雄申状案

（紙背）仮殿御装束記

（端裏書）「貞和二年　余田

番匠大工ノ吉岡余田ヲ押領スルヲ訴フ

目安　神領伊豫国吉岡雑掌光雄申　「裏仮殿御装束事」
（後筆）「二貫七百文」

目安

鴨御祖太神宮御領伊豫国吉岡余田雑掌光雄申

被停止番匠御大工非分押領、任代々証文欲被返付于社家当国吉岡余田

間事

副進

一巻　当余田神領支証等案文

右、当余田者、雖為立錐之地、為往古厳重神領日次月並神事料所也、而当国御敵陣内之者、歎而罷過之處、幸御敵等悉令没落之上者、社家可全管領之處、彼番匠御大工自大将御方称宛給、自去康永二年九月五日至于今年四箇年之間、依致押領、社家雑掌不及所務之條、神領失墜、希代珍事、神慮尤難側（測）者哉、然早被停止彼違乱、任代々証文之旨、被返付于社家、全知行為専神用、目安言上如件

貞和二年九月　日

（紙背）（端裏書）
「仮殿御装束記」

仮殿御装束事

其次第御後中二御柱

先於祝言屋御帳台御柱打鉱金（ママ）、御後脇■棹二

南面自下二尺一寸上天奉打之、御鏡料也、自北第二御柱南

面自下一尺八寸○上天奉打之、御棹料也

次奉敷■弘莚於内陣、次立御帳台、先御前敷御座御台程可計○、次浜上敷御（御）（御帳台）

座、次据大床子、次大床子上敷御座、次敷御茵以針糸奉同付御座也、次■西副（奉）（御座上）

御長押打釘、奉懸御棹、御服料也、次御帷（ママ）（ママ）（奉懸）

御後○御棹以紙総奉結付、（白木）　先御前、次御後、次東、次西、

■次懸御簾、

御後白木御棹二、御鏡自下二尺一寸、今一御棹自下一尺八寸也

遷宮時ノ神殿ノ御帳ヲ立ツ日時宣旨ヲ請フ

四　鴨御祖太神宮社司光高・祐光連署解案

（端裏書）
「貞和四年　祝光高　禰宜祐光　申請天裁事　」

鴨御祖太神宮社司等解申請天裁事

仮殿・正殿御木作始・立柱上棟

請殊蒙　天裁、任先例、可立神殿御帳旨被下日時　宣旨〇被勤行子細状

右社司等謹考先規、当社遷宮之時、立神殿御帳之条、代々之流例也、望請　天裁

早因准先例被下日時　宣旨、為被遵行遷宮、社司等勤在状、謹以解

貞和四年八月　日　祝従四位下鴨光高

（禰）
祝宜従四位下鴨祐光

五　鴨御祖太神宮社司光高・祐尚連署唐鞍注進状写

鴨御祖太神宮

注進　神宝御唐鞍事

御禊行幸ノ威儀御馬鞍ニ神宝ノ唐鞍ヲ渡進スベシ

神宝御鞍ハ御蔭山神幸ノ祭祀ノ外社内ヨリ出サズ

右御唐鞍、来廿二日御禊　行幸威儀御馬鞍闕如之間、可渡進神宝御唐鞍之由
被仰下之、剰無先規之次第、具言上之處、有他社傍例之由及御沙汰之間、愁吟之
最中、重(而)尚可進之旨被下御教書之條難堪也、凡被引櫪御馬之時、致三七ケ日潔
斎、先於社家祭屋七ケ日
　次於社頭外御厩七ケ日、其後於内御厩七ケ日也
此間毎日致御祓、所被置御鞍也、且於彼御唐鞍事者、毎年四月中午日御蔭山
神幸之時用之緈起依有子細、無左右不能委細注進、件日餝立神馬奉成神幸之
路次之間、伶人等奏東遊之儀、厳重異他者也、我朝乗馬之始、起従斯時云々、随而
彼祭祀之外不出社内者也、爰他社之唐鞍者、或為用意也、或為祠官乗用也、曽不
足准拠者歟、所詮重神事、彼御鞍事欲被止訴議御沙汰矣、仍注進言上如件

観応元年十月　日　　祝従四位下鴨縣主光高
　　　　　　　　　禰宜従四位下鴨縣主祐尚

拝賀以前ニ社役ニ従フベシ

寛仁寄進ノ八箇郷御祖社四箇郷蓼倉郷

六　後円融天皇綸旨（宿紙、本紙・礼紙）

（後補包紙ウハ書）
「十三
応安五年未拝賀社役勤仕之文書
鴨脚秀文」

拝賀以前、且可従社役者、
御気色如此、悉之、以状
（貼紙）（後筆）
「応安五」
八月廿日　右中将（花押）
鴨祝館

七　鴨御祖社領注進状写

寛仁奉寄捌箇郷内
御祖社肆箇郷
蓼倉郷　祝一円管領也

栗野郷
上栗田郷
下栗田郷
出雲郷

栗野郷　福枝郷　松崎郷　岩藏郷
　　　　上村郷　下村郷
上栗田下栗田郷　神用料足伊上押妨之、小早御祭御飯料米以下抑留之
出雲郷　一条以北至大明神御敷地皆当郷内也、此外号預所職致小田畠知行、二季彼岸役色々社役等勤仕之祐成・祐政二代相続知行也
右注進如件
永和三年九月　日

檜皮ノ損色

八　近定檜皮損色注文

（端裏書）「御ひわたのそしき（損色）　応永廿二　三　十六」
御ひわた（檜皮）　百五十八　代一貫五百文

車力

車力　代百五十文
やねい木　代四百文
竹くき（釘）　代二百文
かなくき（金釘）　代三百文

なわ　代六十文
竹　代二十文
のきお　代五十文
手間　代弐貫八百文
已上五貫四百八十文
此内四百八十文けん（減）して五貫文ニふき申也
応永廿二年三月十六日　近定（花押）

近定

九　鴨社祠官等一言社造営注進状案

（端裏書）
「案　一言社事　正長元十　」
鴨社祠官等謹注進言上
被尋下以本社旧殿御古具足可被造進一言御社事
右去元享（亨）之度、以彼御古具足被用十二所小社之料木之例在之、仍一言御社十二所之内也、然之間、以彼古具足也、可被造進[redacted]可有造営事、宜為　上意矣、

鴨社祠官

古具足ヲ以

テ一言社ヲ
造営スベシ

仍言上如件
正長元年十月　日
「（紙背）
三所祝
貴布禰前権祝
貴布禰権祝
貴布禰禰宜
比良木権祝
川合前権祝
川合前権祝
川合権祝
川合禰宜
新権祝
正　祝」

一〇　守武一言社損色注文

（端裏書）「しやうちやう二年六月
当社十二所之内　一言社損色事」

御ひとこと（一言）の御そしき（損色）の事

御つちゐけたまて
一あわ五六木（本）　一し　代一貫三百文

御はしらなけし
一ミの五六木（本）　二し　代一貫六百文

はふさへり
一三けんいた　一まい　代一貫二百文

たる木こまい
一ミの五六　二し　代一貫二百文

うらいた
一ひたまさ　一けん　代二百八十文

いたしき・てんしやう
一つのめいた　三まい　代二百五十文

一くき・かな物　但、つまとのてうきのかな物ハ入らす候　代一貫二百文

車賃

一てま　　　　五十人　　　　代五貫文
一まひき　　　五人　　　　　代六百文
くるまちん（車賃）　　　　　代二百文
以上十二貫八百卅文
しやうちやう（正長）二年六月廿七日
守武（花押）

二言社上棟
幷遷宮日

一一　賀茂在方鴨二言社上棟遷宮日時勘文

（端裏書）「日時注進　在方卿　永享三　」
鴨二言社上棟幷遷宮日
上棟日
今月廿五日戊午　時辰
廿六日己未　時辰
居神殿日

七月二日甲子　　時午
　四日丙寅　　時午

遷宮日

遷宮日
　二日甲子　　時戌
　四日丙寅　　時戌

賀茂在方

(異筆)「永享三」
六月十八日　　　　正三位在方(賀茂)

一二　若狭国丹生浦刀禰年貢公事物注文

周防守伊国
丹生浦年貢公事物注文
西ノ浦

(端裏書)「周防守伊国
　丹生浦年貢公事物注文　永享七年六月　日」

にうのうらの御年貢小公事いろ〳〵

一本御年貢の代　　拾弐貫五百文

一うらての代　　七百十四文

一めのあわひの代　　五百廿文

一すしをけ（鮨桶）の代　七百文
一すなうのきぬの代　四百文
一かのかわの代　二百文
一神まつりの小あわひの代　卅文
以上代十五貫六十四文

若菜

一正月わかな（若菜）のたい但、めのした一尺二寸六り　三かけのり十五まる　（付箋）「代五百文」
一月の御さい年中分　三千こん　（付箋）「代七貫五百五十文」
一ひろめ　二百五十てう　（付箋）「代五貫文」
一ほんく（本供）の鯖　心ふと ふのり十五、かうけうを百五十こん　（付箋）「代三百六十七文」
一ひのさけのうを　五しやく　（付箋）「代七百五十文」

代官給

一たかなミのうらての代　五百文　但、御代くわん（官）給か
一かミまつりのこたい五升入ひつ一　大さは　（付箋）「代二百文」
右たいかい（大概）如件、　一神田ノあらまき　一うをの かす五　（付箋）「代二百文」
一せくきのあらまき　一同うをの　（付箋）「代二百文」

刀禰

永享七年六月十五日　刀禰（略押）かす五　（付箋）「両度たちん」

四貫九百八文」

大網
此外大あミ（網）の年貢ハしひ（鮪）のひけやうによて、さたす（沙汰）へし
（付箋）「代百十文」

塩竈
しをかま（塩竈）の年貢ニしを（塩）二斗四升さたす（沙汰）（付箋）「惣以上三十四貫七百四十九文」

一三　正殿木作始立柱参仕社司交名写

永享七年ノ木作始

（端裏書）
「永享七年木作始参仕社司之事
同永享八年正殿立柱上棟参仕社司等之事」

永享七年十二月廿一日正殿東西木作始参向社司等事

祝方　各衣冠ニ下結引、今日雪幷雨降、但臨〻三先規佳例歟二、臨期天晴併

祝秀敦卿　権祝秀種　新権祝伊香

河合祝秀俊　河合新権祝秀清

比良木新権祝秀時　貴布禰新権祝秀家

秀〻家〻

三所祝代氏人秀行　氏人光勝布衣

禰宜方

禰宜祐里　権禰宜時祐　新権――祐田

禰宜祐定　同権――祐香　同権祝祐清

同新権祝（禰）宜祐右　比良木禰宜秋風

同祝忠祐　比良木権祝祐右

同新権禰宜富祐　貴布禰禰宜祐躬

同祝祐枝　氏人長豊布衣

同八年十一月十九日辰二点大雪降　正殿立柱

上棟参候社司等事

祝方　各衣冠ニ下結

祝秀敦郷　権祝秀種　新権祝伊香

河合祝秀俊　河合権――秀清

比良木新権――秀時　貴布禰権――秀親

同新権――秀家　三所祝秀成

同権――秀職
　禰宜方
禰宜時祐縣主　権禰宜祐田
新権――祐定　河合禰宜祐秀
同権――祐清　同権祝祐右
同新権禰宜秋風　比良木禰宜忠祐
同祝祐脩　同権禰宜祐村
同権祝富祐　貴布禰禰宜祐枝
　其次第如貞和

一四　鴨社祠官等申状写

□□祠官等謹注進言上
□□当社日供幷今月小早御祭、来月九日神事等、忽可闕□□之條、驚存間
事

越中国倉垣庄ヲ押領スル者ヲ訴フ

「　　」越中国倉垣庄者、為日供幷月次神事料所定置「　　」月以来令強入部、年[redacted]（貢）・社役至于今月分八千疋雖「　　」一向不令社納之間、日供神用雖令闕乏、社家以種々之「　　」于今致無為沙汰者也、自今以後於神用者、秘計不可叶「　　」供、云御祭、悉可闕怠之段、御祈禱之怠転、一社所驚存「　　」参（寒）江庄事、夏季御神楽要脚以下、毎月月別等押「　　」年以来年貢万六千疋餘不渡社家之間、役人出仕「　　」等不叶之条、迷惑仕者也、殊更去六月御神楽事、為「　　」御祈禱之處、彼要脚雖不致其沙汰、依為　公方様御「　　」分廻随分計略、為社家先令下行之、致無為沙汰者也、「　　」彼両所事、任御成敗之旨、不日被召下避状歟、不然者押取年貢事「　　」先可究済之申（由）被立御使、令社納弥「　　」無為沙汰、益抽御祈祷忠功矣、仍注進言上如件

康正三年八月戊丑歳日　三所権祝鴨

（後欠カ）

越中国寒江庄代官ノ請文ニ背クヲ訴フ

誉田参河入道ノ代官職ヲ止メ、直務トス

一五　鴨社前禰宜祐種申状案

鴨社前禰宜三位祐種謹言上

欲早任度々御奉書被加御成敗、今月土用中恒例夏季御神楽御祈禱遂無為節、料所越中国寒江庄代官人等背請文旨、彼〔下行〕要脚月宛闕怠、無勿躰子細条々

副進　一巻　鹿苑院殿御代守護所渡状、康正二年直務御奉書幷月宛未進注文等

一於寒江庄内三箇村寺分等者、自去嘉吉年中為誉田参河入道代官請文明鏡之処、神役毎度無沙汰、社役・人夫代年々押妨之、未進過分之間、神用依闕乏、去享〔徳〕三年仁申請御奉書致直務、御祈禱・神事無為之処、去々年九月令強入部、毎月地下沙汰分年貢悉押取之不社納之段、就達　上聞、康正二年十二月仁重而被成直務御奉書、於押妨分者可社納之、至当庄者可渡付社家代之由度々雖被仰付出両條、終以○〔依〕不事行之間、去年六月公方様別而御祈禱時分、被仰

祝伊富ノ口入ニヨリ金子十郎ヲ代官トス

赤塚名ヲ水沢左近大夫ニ預ク

付斎藤四郎○右衛門尉・同遠江入道、可避渡之旨連々雖有御成敗、同篇之間、六月中御神楽既令闕怠訖、御祈禱怠転所驚存也、然仁当寺又要脚以下于今就無沙汰、仰御成敗事

一至彼庄内八町村者直務之処、当祝伊富依有所縁子細、為請人代官職事口入仕之間、預置金子十郎、請文厳重也、雖然無沙汰之間、○享安(ママ)三年仁直納之処、去々年九月同令強入部、月宛等○雖押取、于今未進之上者、為後輩之誡、以質券之地、可被付神領哉事

一同八町村内赤塚名々年貢事、令加増毎年弐拾伍貫文宛可社納之由、就水(木)沢左近大夫去文安年中○堅就請文、預置之処、結句有限本役不社納之、僅七八百疋年々社内(納カ)之(衍)之間、毎年拾六七貫未進之○(過分也)然間一方神用闕怠○迷惑致也、所詮年々未進分可被究渡之事

右○彼両三人不恐神慮、不応　上裁、背請文之旨、依○為未進過分御祈禱神事怠転次第也、各避状未進分事、速被加御成敗、専神事○(ママ)、粗謹言上如件

被召(ママ)下

長禄二年六月令社納日　弥為奉祈御吉左

一六　若狭国丹生浦刀禰等年貢公事物請文

（端裏書）
「目ろく請文

丹生浦年貢

丹生浦年貢幷月々公事物事　寛正六 三十四」

鴨御社りやう《領》わかさ《若狭》の国にうのうら《丹生浦》の御年貢いろ〳〵一年中ふん《分》

もくろく《目録》の事

若菜

一正月わかな《若菜》のたい《代》三かけ

海苔

同のり十五まる《枚》

一月の御さい　三千こん　京ちやく《着》ふん《分》

広布

一ひろめ《広布》　二百五十てう　京着

此め《海藻》の事、近年せは《狭》くみしかく《短》候よしおほせかふゝり候あひた、かいふん《涯分》

ほんそう《奔走》申候て、京しん《進》申へく候

大網

一大あみ《網》の御ねんく《年貢》○同しひの三かきの事、そのとし《年》のれう《漁》にしたかい候て、

京しん《進》申候あひた、かす《数》さた《定》まらす候、雖然れう《漁》のよく候ハんするをかく《隠》

鴨大明神
心太
小鯵
刺鯖
浦手
鮑
年貢
鮨桶

し申候ハヽ、

鴨大明神の御はつ（罰）をかうふる（蒙）へく候

一ほんく（本供）の物　こゝろふと（心太）十五まる　みる

一ほんく（本供）のこあち（小鯵）　百五十

一ほんく（本供）のさしさは（刺鯖）の事

近年百五十京しん申候ところに、御ほんちやう（本所）に百五十さしのよし仰下され、御きうめい（糺明）にあつかり候え間、色〳〵なけき（歎）申について御めん（免）候之条、忝畏入存候、仍七十五さしのふん、よく候ハんする魚をほんそう（奔走）申候て、京しん申へく候

鯖二百五十喉代なり

一同時うらて（浦手）の代　七百十四文京ちやく（着）

一めのあわひの代　五百廿文京着

あき（秋）のふん（分）

一御ねんく（年貢）の代　拾弐貫五百文　京ちやく（着）

一すしおけ（鮨桶）五口の代　七百文　京ちやく（着）

小鮑
小鯛
鮭
荒巻

一すなうのきぬの代　四百文　京ちやく《着》
一かのかわの代　二百文　京ちやく《着》
一神まつり《祭》のこあわひの代　卅文
一神まつり《祭》のひつ《櫃》一　五升入　小たい《鯛》入
一ひのうほの鮭　三しやく　京しん《進》
たゝし《但》此鮭の事、御本ちやう《所》に五しやくさた《沙汰》申候よし仰下され候へとも、近年ふね《船》一そう《艘》に一こんつゝさた《沙汰》申候によて、けんさい《現在》の舟三そう《艘》候あひた、三こんさた《沙汰》申つけて候、雖然舟一そう《艘》にあまた《数多》さた《沙汰》申候かと御ふしん《不審》候、このき《儀》かすめ《掠》申候ハゝ、鴨大明神の御はつ《罰》をかうふる《蒙》へく候、又舟あまた《数多》いてき《出来》候ハゝ、それにしたかい候て、さた《沙汰》申へく候
一神てん《殿》のあらまき《荒巻》五　うほかす五こん
一せつき《節季》のあらまき《荒巻》五　うほかす五こん
一しほかま《塩竈》二の御ねんく《年貢》　しほ《塩》二斗四升　京進
いつれも〳〵まいと《毎度》おくり《送》状をもて京進申へく候あひた、御うけとり《請取》をくたし《下》給候へく候、此外りんし《臨時》又四月来納御肴とう《等》さた《沙汰》申へく候

刀禰五郎兵衛
御百姓厨

刀禰百姓ヲ京ニ召シ上ゲ一年中成物ヲ糺明ス

一むませ《馬瀬》・たけなみ《竹波》のはま《浜》のねんく《年貢》
　五百文、これハか《彼》のさいしよ《在所》よりうけとり候て、京進申へく候
　右、彼いろ〳〵《色々》もくろく《目録》のむね《旨》にまかせ《任》て、みしん《未進》・けたい《懈怠》なく京進可
　仕候、もし《若》はん《万》一くわんたい《緩怠》ふさた《無沙汰》の事候ハ、御さいくわ《罪科》にあつか《預》る
　へく候、仍為後日請文状、如件
　　寛正六年三月十四日　　　刀禰五郎兵衛（略押）
　　　　　　　　　　　　　　御百姓厨（略押）
　此目録者、彼在所刀禰并百姓於召上、数日在京之間、加糺明、一年中成物於馳
　走、両人加判候て進上候間、此案文裏をふう《封》して下候也、同筆なり

年中行事厨下行

一七　鴨社年中神事厨下行目録（折紙）

　年中神事くりや《厨》下行之事
正月七日神事
　壱石五升

同　十五日神事
　壱石五斗
　あつき八升
二月晦日とけの神事
　壱石八升
三月三日神事
　壱石五升
四月ひるの神事
　八斗五升

蔭山帰り立

同三かけ（蔭）山帰り立の神事
　九斗五升

賀茂祭

同　賀茂祭神事
　壱石弐斗五升
五月五日神事
　壱石五升

ちまきの米

又ちまきの米壱斗八升

六月晦日神事

壱石弐斗

七月七日神事

厨役

さくへい（索餅）くりや（厨）役

八月晦日神事

壱石五升

九月九日神事

壱石五升

十月朔日神事

壱石八升

いもの神事

同　いもの神事

九斗

同　晦日神事

壱石五升

臨時祭

厨

蓼倉弥次郎

十一月子ノ日神事

九斗

同　卯ノ日神事

壱石弐斗

同　りんじのまつり（臨時祭）

壱石弐斗五升

十二月晦日御そなへ神事

壱石八斗

以上

延徳五年癸丑十二月廿七日

厨

蓼倉弥次郎

中村與次ノ出雲路西頬敷地地子銭半分ヲ違乱スルヲ止ム

一八　室町幕府奉行人連署奉書写

知行分城州出雲路西頬敷地藪等事、先年対中村與次、就有借物之儀、代官職申付候、以彼地子銭年々立用可遂以(算)用之旨、被半分合之處、不及其沙汰致所務云々、無謂、所詮過分引取上者、退彼如(妨カ)如(ママ)達如件

永正四年十二月廿六日

豊前守(松田頼亮)（花押影）

左衛門尉(治部貞兼カ)（花押影）

局代

中村与次ノ出雲路東頬敷地ヲ違乱スルヲ止ム

一九　室町幕府奉行人連署奉書

城州出雲路東頬敷地事、先年対中村与次定吉雖有借銭、彼地申付代官之条、以地子銭年々引取之、本利相当既過分之間、可算用之段、雖相届之、不及其沙汰上者、従去々年永正四雑掌如元知行之處、猶以誘取之、借書以下不返弁違乱云々、太奸謀也、至定吉者造意之条不能許容、任当知行可被全領知之由所被仰下也、仍

佐藤又次郎ノ違乱スル敷地両所ヲ鴨出雲路宮内卿ニ安堵ス

執達如件

永正六年七月十三日

対馬守（松田英致）（花押）

沙弥（諏訪長直）（花押）

堀川局雑掌

二〇 室町幕府奉行人連署奉書案（全文を抹消す）

（紙背）辻忠秀等祠堂銭預状案

（端裏書）「案文」

敷地両所出雲面東頬口六丈奥卅壱丈余江鳥少路口五丈奥九丈余事、対佐藤又次郎父宗次入置質券之処、為買得之旨又次郎支申条、糺明之処、借銭之段返状分明之上者、早退彼妨、如元可被全領知之由、所被仰下也、仍執達如件

永正十二年四月十四日

対馬守 在判

美濃守 在判

鴨出雲路宮内卿（光将）殿

大原辻

勧修寺
辻弥太郎

宝鑑寺

（紙背）（端裏書）「いんかそうより坂大へ出候勧修寺殿御預り状案文
永九四月出之」

御本所御袖判

預かり申祠堂銭之事

合参貫文者

右之料足者、武州御燈明銭也、御用次第可進之候、若延引候者、大原辻地子銭両
季ニ壱貫弐百文在之在之、就其定使宗源ニ判――をくわへさせ申候、料足済不
申候間、来年夏地子より宗《宗》源取さた（沙汰）可渡申候、為其引合申候、仍状如件

永四年十一月廿六日

勧修寺殿辻弥太郎

忠秀在判

宗源在判

宝鑑寺

まいる

尼子経久ヨリ公用千疋ヲ鴨祝ニ進ム

二一　尼子経久書状（切紙）

（包紙ウハ書）
「（貼紙）
「永正十四」　　尼子伊豫守
祝殿参　御宿所　　経久」

（切封跡アリ）
当年以書状不申入候、仍御領御公用事、千疋上申候、委細者此者可申入候、恐々
謹言

七月廿日　　経久（花押）

鴨祝殿
参　御宿所

二二　祐氏奉幣請状案

（端裏書）
「就祝奉幣之儀、○祐氏御請案　享禄四　九　五　」

就今日祝奉幣之儀、被仰出候、

日供番仕祝奉幣ノ先規ナシ

祝奉幣事、為此方申付儀、雖無其儀候、被仰出之儀候間、番勲(勤)光広江以御下知申付候処、日供番仕儀候、祝奉幣参勲(勤)事為社務申付儀、従先規無其儀候間、不可参由申候、然者一日神事之時も彼光広従祝光雄方雇候て被参候上者、如其時可仕之由可被仰出候由、宜令披露給候、謹言

九月五日　社務三位

祐氏

三宅備後守殿

二三　尼子経久書状（切紙）

（包紙ウハ書）
「（貼紙）
「享禄五　七　廿五」

鴨
祝殿　御宿所　尼子伊与(豫)守

経久」

（切封跡アリ）
領家分御貢用途上申候、可預御意得候、恐々謹言

六月二日　経久（花押）

鴨
祝殿

尼子経久

安来庄公用所務ナキニヨリ運上能ハズ

尼子晴久

御宿所

二四 尼子晴久書状（切紙）

（包紙ウハ書）
「（異筆）
「天文十三　八　廿九日
到来候、使八鳥新次郎　」

尼子民部少輔

修理大夫殿
御返報　晴久　」

（切封）
御状拝見申候、御祈禱精誠御巻数送給候、御懇意祝着之至候、仍安来庄御公用之儀、去年・当年一円所務等無之候間、不能運上候、一切非無沙汰候、猶赤脇七郎右衛門尉可申候、恐々謹言

七月廿一日　晴久（花押）

（鴨脚秀行）
修理大夫殿
御返報

安来庄公用
尼子晴久

二五　尼子晴久書状（切紙）

（包紙ウハ書）
「（異筆）「天文十六　十一月
廿日到来候」
尼子民部大輔
修理大夫殿
御返報　　　　晴久」

（切封跡アリ）
御札拝見仕候、仍御祈禱精誠御巻数送給候、毎篇御懇切之段、畏悦之至候、随而安来御公用之儀蒙仰候、於出入者委細赤脇七郎右衛門尉可申候、恐々謹言

五月十日　　晴久（花押）

（鴨脚秀行）
修理大夫殿
御返報

二六　森脇久貞書状（切紙）

（包紙ウハ書）
「（異筆）「天文十六　十一　廿日
到来候」
森脇七郎右衛門尉

安来庄公用
近年ハ国錯
乱ニヨリ運
上ナシ

森脇久貞

修理大夫殿（鴨脚秀行） 参　貴報　久貞」

（切封）

貴札致拝見候、仍御祈禱精誠御巻数申聞候、畏悦旨以返書申入候、殊私迄御巻数送被下候、忝存知候、随而安来御公用之儀、被仰下趣、則代官所へ尋申候、依国錯乱終近年無運上候、何比迄致進上候哉、聢様躰等於被仰下者、堅可申付候由候、此方之儀、聊不可有疎意候、尚期来喜候、恐惶謹言

五月十日　久貞（花押）

修理大夫殿（鴨脚秀行） 参　貴報

二七　室町幕府奉行人連署奉書

（包紙ウハ書）

「（貼紙、後筆）

「天正（文）十九年社領造営

山本佐渡守及違乱下知」

鴨社一社御中　大和守堯連」

山本佐渡守ノ鴨社領ヲ違乱スルヲ止メシム

当社一社御中

山本佐渡守ノ鴨社領ヲ違乱スルヲ止メシム

鴨社領城州福枝・松崎内社務・祝・河合禰宜造営興行供僧田・諸役人給田・静原郷幷坂原田近郷所々等事、為直務当知行之処、山本佐渡守及違乱云々、以外之次第也、早退彼妨可被全領知之由、所被仰下也、仍執達如件

天文十九年九月廿八日

大和守（飯尾堯連）（花押）

左衛門尉（松田藤頼）（花押）

当社一社御中

二八　南大路長周・秀行連署請文案

｜鴨社領城州福枝・松崎内社務・祝・河合禰宜造営興行供僧田・諸役人給田・静原郷幷坂原田近郷所々等事、為直務当知行処、山本佐土（渡）守及違乱条、被成下御下知者忝畏可存候、若此旨偽申候者、被○任御法可預御成敗候、仍請文如件

天文十九年九月廿八日

長周（南大路）

秀行

飯尾大和守殿

惣社雑掌

此請文大事儀候間、惣社雑掌ニ為社務如此判形申付者也

二九　鴨社一社一同申状案

岩倉山本ノ鴨社領ヲ違乱スルヲ訴フ

（端裏書）「山本近郷令違乱時申状案」　（貼紙）「一社一同社領ニ」「　」

鴨御祖太神宮一社一同謹言上

右子細者、当社朝暮日供・月次神事御燈料所近郷所々、松崎・福枝・静原・岩倉郷等之事、従往古于今当知行無相違者也、然岩倉山本令違乱之間、此度社中及滅亡、　公武御祈祷可令闕怠候条、被退其妨○（於当社領者、）如先規可致社納旨被成下御下知者、各成其勇忝畏存、弥可奉抽御祈祷精誠矣、仍謹言上如件

天文十九年九月　　日

三〇　鴨社日供入様注文

日供入様

日供入様之事

一番　四せん　社務へ入申神く(供)の内　一前楽所へ 一前竹屋　二前　番つとめ

二番　同　此内　二前　祝殿へ　一前　社務へ　一前　竹屋

三ヽ　同　此内　二前　番つとめ　一前　社務へ　一前　竹屋

四番　五番　六番　三番と同前

河合禰宜

七番　河合禰宜殿へ　二前入内一前番つとめ

御祖神供

七番より末迄、御祖神供三前社務へ入、一前竹屋同入

八ヽ　七番と同前

九ヽ　同、但御祖分社務へ三前之内、一前まハり神く(供)として祝殿へ入

十ヽ　又七番時のことく社務へ三前入、竹屋一前

十一ヽ自是末迄ハ一前少神く(供)・番つとめへ入、皆木・三所・貴布禰迄の事
也

筑前守ニ尋ヌ

天文廿年正月十二日　筑前守相尋候て註之

日供大小神供ノ数

中経所

河合預
河合供僧

三一　鴨社日供大小神供数注文

日供大小神供数之事

大　十前之内　三前社務へ　一前竹屋　二前御座
　　　　　　　二前中経所へ　二前河合禰宜殿入

少　十前之内　三前祝殿へ入　三前皆木分 三所分 貴布禰分　番つとめへ入
　　　　　　　四前日ませ氏人年寄衆へ入

一升もりの神く（供）六前之内　四はい榊本　二はい河合へ参、此
　　　　　　　神く（供）取かた　二はい中預　二はい上番
　　　　　　　　　　　　二はい出仕所司
　　　くろ御料数五十二はい　此内廿六はい河合へ下内
　　　六はい中預　三はい河合預　十二はい河合供僧
　　　四はい番つとめ　一はい河合公人
中分廿六はいの内、四はい番つとめのさうしき（雑色）給之

贄殿
土器殿
物社
一言公人
筑前守ニ尋ヌ
逐電スル被官人ノ跡ヲ進止スベシ

四はい贄殿へ、二はい才神へ参、二はい神供（宮カ）寺・貴布禰へ参
経所へ給之
一はい　さうしへ　同たよ飯そうしへ入
二はい　せんしやう　二はい　御酒御料　二はい　かわらけ（土器）飯
二はい　神くかき　二はい　参内　二前　惣社　社務へ入
二前　おして出仕所司
二前　一言公人
天文二十年正月十二日　筑前守相尋註之

三二　室町幕府奉行人連署奉書

（包紙貼紙）
「祝三位秀行（鴨脚）被官人弥次郎男逐電、
彼跡之儀、被成秀行奉書於（ママ）状　」
被官人弥次郎男事、去十八日逐電之条、云先例、云社法、令成敗旨、被聞食訖、早彼
跡散在田畠以下被進止之由、所被仰下也、仍執達如件

天文廿一年三月廿五日　左衛門尉（松田藤頼）（花押）
散位（飯尾盛就）（花押）

鴨社祝三位（鴨脚秀行）殿

三三　室町幕府奉行人連署奉書（折紙）

逐電スル被官人ノ跡ヲ進止スベシ

当社一社中

鴨社祝三位秀行（鴨脚）申、被官人弥次郎男事、去十八日逐電之条、云先例、云社法、加成敗云々、然彼跡散在田畠以下可令進止之旨、被成奉書於秀行訖、宜被存知之由被仰出候也、仍執達如件

天文廿一

三月廿五日　藤頼（松田）（花押）
盛就（飯尾）（花押）

当社一社中

御供ノ次第

三四　鴨社御備次第下行方日記（大和綴）

一御そなへ（供）の次第　御下行方にし（西）の分也

以上参貫五百十三文

一太　七具　小　七具

上の物　こい（鯉）　すゝき（鱸）　ひだい（干鯛）　ひざわら（干鰆）

あいきやう（鰻鯽）　あい（鮎）のすし（鮨）　うちミ（打身）

さけ　以上八しゅ（種）」

一下の物　こり（鮴）　ゑひ（海老）　かつうを（鰹）

ひゝらやき　こふな（小鮒）　たい（鯛）

一御はしのだい

つミあいきやう　ほそたいこん（細大根）　くらけ

御しる（汁）

一かうし（柑子）　たち花　大かうし（柑子）

くしかき《たんは》　くしかき《やまとかき》　あまくり《これハ於山田よりいたす》

厨

一和尚ノ役

一ふと（餢飳） まかり（曲） 以上八しゆ（種）

一もち くり（厨）やからわたる分

一ぜんに五まいつゝ おちしろまて 七十一まい

ふと大にハ十 小にハ五つ

以上百六

まかりハ大ハ五からけ、小ハ二からげなから

以上五十三からけなから、おちしろまて

一とうそん一和丞（尚）の御やく（役）也

廿四文御下行 ひつきりてもり、かんなかけ（鉋掛［折敷］）に

すへてまいる、神供かすまいる

一文かんなかけ、とうそんのかしき六文の

下行なり、これも御そなへ（供）のうちより出ル

正月七日、きり五れうの次第

大のふた 二まいなから

小のふた 二まい

以上、四まいなからさか（酒）殿よりわたる
ほんかひつきりハやうきかわたす
五さいハ
わかな（若菜）

五節句

五せつく（節句）ハ　小八具　大七具　にしひかし共ニ同
正月十四日の分　壱貫文御下行
大三具　小一具　にし・ひかし共ニ同
三具の内、ひかしへ一く、河合一具
三所へ小一具、御そなへのことく、但シ御はしのたいハなし
大ハかんなかけ六まい、二文つゝ、小ハ一文かんなかけ一まい

とけの祭

二月とけのまつりの分
御下行壱貫弐百五拾文
うをの分十六色、又めたいこん
以上十八色、又これハ御下行の内
三拾種ニてまいる　此外ハなかす

ひたい　なまたい　くしあわひ　かつうを
のし　すゝき　いわし　こまめ《（鱓）》
あち　さば　ひゝらやき　からさけ《（乾鮭）》
するめ　とり　はむ《（鱧）》　こい
　以上十六色

くりや公人

たこほて　とひ一まいめ　くにん《くりや（公人）》かたへわたす
かしわ《（柏葉）》ゝハかしわてん《（膳殿）》からいつる、田ハ大つゝら

松ケ崎

松ケ崎ニ一たん《（反）》あり、たてわき殿分
三所の小の御せん、十二月共ニ此方へわたる
御くた物八色　もち二色　おこし米　くしかき《（串柿）》
　ところ《（野老）》　山のいも《（芋）》　いわなし《（岩梨）》
　ふきあけ　かみ《（紙）》につゝミて
　くしをさして、して《（垂）》ゝからけてまいる

ひるのまつり

四月ひるのまつり御下行、代官から十文
大ニ五本つゝ　七せん

小　五本つゝ　七せん

とりのうわおき

神幸にし《西》もひかし《東》も六百文つゝ御下行

御山江こほてのじんくう六せんつゝおのこかまいる

御かへりたて二せんつゝまいる、ひつきりニ而もてまいる

とり　ひたい《干鯛》　はむ《鱧》　いか《烏賊》　もち　するめ

あち《鯵》　さは《鯖》　以上八しゆ《種》

ひつきりてもり二文、かんなかけて四つの

すミにおき、中ニ御さかつき一せんて二枚つゝ

内

さけの御下行、さか《酒》殿より百文うけとり候て御山御かへりきて□てまいる

五月五日御下行壱貫弐百五十文

大七せん、小せんしきしニおなしことく、

くた物のうちへちまき《粽》、これハくりや《厨》から七わ

いからか、くりや《厨》からいたす、あふち《棟》のはな《花》、これも

此方ゟと丶のへ申候、御はんにちく〳〵とおく（置）
六月卅日御下行壱貫二百五十文
しきしいつものことく、くた物ハ
ふり（瓜）　なすひ（茄子）　はうり　もゝ　すもゝ
からふり　ゑたまめ（枝豆）　さゝけ（豇豆）
八月卅日壱貫弐百五十文御下行
しきしいつものことく、くた物ハ
くり　かき　ゑたまめ　はうり　さゝけ
ありのミ（有実）　なつめ（棗）　なすひ
以上
九月九日
一なからもち　大ニ五十　小三十つゝ
もるなり
も□《ち》□□□りかうたてハ

厨　いもの祭　松崎　鴨手日記

代官ゟ十文　　ほつか《ニつハ》くりや（厨）からわたる
下行
御めかわらけてもる也
十月ハいもの祭十文、代官よりいたす
十一月うの日下行壱貫五百文
しきしハつねて五色おゝし
こほてニひとつて入て、かうし　ちゝし
かや　くり　かき　くしかき　ミつかん
うをの分　廿色　したに　ゆ　あをな　御め
見ひつをからけて　なわゝ　あへかり
たけさかきハ　松崎からもつ也
御かうまつりの次第
弘治三年六月吉日　　鴨手日記

六角承禎

隠岐賢広
蒲生定秀
鴨一社御中

三五　六角家奉行人連署奉書（折紙）

（包紙ウハ書）「永禄四年
おうみ（近江）のてう（承禎）てい下知」

当社領所々散在之事、任当知行旨、如先々可有社納、若違乱輩雖在之、不可有承
引由候也、仍執達如件

永禄四年九月廿九日

（隠岐）賢広（花押）
（蒲生）定秀（花押）

鴨一社御中

三六　算用状断簡（切紙）

（端裏書）「これハいらぬ物也」

永禄五年、同六年分ハ竹□□さん（算）用□□申候、大方のさん（算）用也、残而年々さう（相）

は（場）以、此方にて仕候へ之由仰付被申□□如此候

三七　百姓二本松又兵衛畠預状

出雲路東頬
敷地
畠一所
作半
二本松

出雲路東頬御敷地之内、畠一所之事、当毛之儀、為作半預申候、あとの儀ハ可為御意次第候、仍状如件

御敷地之内百性二本松
永禄九年
卯月廿二日　　　又兵衛（花押）

鴨脚殿様御内
　　右馬助殿

三八　百姓武者小路又五郎畠預状

出雲路東頬
敷地
畠一所
作半

出雲路東頬御敷地之内、畠一所之事、当毛之儀、為作半預申候、あとの儀者可為御意次第候、仍状如件

永禄九年
卯月廿二日

御敷地之内百性むしやのこう路（武者小路）
又五郎（花押）

鴨脚殿様御内
右馬助殿

出雲路敷地
畠一所
作半
室町頭

三九　百姓室町頭まこゑ門畠預状

出雲路御敷地之内、畠一所之事、当毛之儀、為作半預申候、此あとの儀者、御意次第ニ可仕候、仍状如件

永禄九年卯月廿二日

御百性むろまちかしら（室町頭）
まこゑ門（略押）

鴨脚殿様御内
右馬助殿

出雲路東頬
敷地
畠一所
作半
室町頭

四〇　百姓室町頭ひこさへもん代畠預状

出雲路東頬御敷地之内、畠一所之事、当毛之儀、為作半預申候、あとの儀者可為御意次第、仍状如件

永禄九年卯月廿三日

御敷地之内百性むろまちかしら（室町頭）
ひこさへもん代（略押）

請人
まこゑもん（花押）

鴨脚殿様御内
右馬助殿

出雲路東頬
敷地
畠三畝

四一　百姓東武者小路二郎ゑもん畠預状

出雲路東頬御敷地之内、畠三うね（畝）余者、当毛之儀、為作半預申候、あとの儀者可為御意次第候、仍状如件

作半
東武者小路

永禄九年卯月廿四日

御敷地之内百性ひかしむしや（東武者）の少（小）路

二郎ゑもん（略押）

鴨脚殿様御内

右馬助殿

出雲路敷地
畠一所
作半
二本松

四二　百姓二本松太郎ゑもん畠預状

出雲路御敷地之内、畠一所之事、当毛之儀、為作半預申候、然者此あとの儀者可為御意次第候、仍状如件

永禄九年卯月廿五日

久御家抱候分御百性二本まつ（松）

太郎ゑもん（花押）

鴨脚殿様御内

右馬助殿

出雲路敷地
畠二畝
作半

武者小路
大森被官

四三　百姓東武者小路大森被官道ゆふ畠預状

出雲路御敷地之内、畠二うね（畝）余、当毛之儀、為作半あつかり申候、然者此あとの
儀者、如御意可有御進退候、仍状如件

御百性東むしや（武者）の少（小）路かけ物や（屋）代

永禄九年卯月廿五日　　大森ひくわん（被官）道ゆふ（略押）

鴨脚殿様御内
右馬助殿

出雲路敷地
畠一所
作半

四四　百姓そうもんの筆屋ひこ五郎畠預状

出雲路御敷地之内、畠一所之事、当毛之儀、為作半預申候、此あとの儀者可為御
意次第候、仍状如件

御百性そうもんのふてや（筆屋）

永禄九年卯月廿六日　　ひこ五郎（花押）

鴨脚殿御内
右馬助殿

出雲路敷地
畠一所
作半

四五　百姓片岡辻子大森被官与七畠預状

出雲路御敷地之内、畠一所之事、当毛之儀、為作半預申候、此あとの儀者可為御意次第候、仍状如件

永禄九年卯月廿六日
御百姓かたをか之つし大森ひくわん
与七（花押）

鴨脚殿様御内
右馬助殿

出雲路敷地

四六　中辻子与三郎畠作職預状

出雲路御敷地之内、畠一所事、御作職預申候、御地子銭者一うねに五十地子と

畠一所
出雲路東頬敷地畠作職
武者小路町

被仰付候、畏存候、自然此畠他所へ渡申、又者為一毛無さた（沙汰）仕候ハヽ、何時も可
被召上、仍為後日状如件

永禄九年六月六日　　中すし よ三郎（花押）

鴨脚殿様御内
右馬助殿

四七　武者小路町又五郎畠作職預状

出雲路東頬御敷地之内、畠二うね事、御作職之儀預申候、御地子銭者一うねに
五十地子と被仰付候、畏存候、自然此畠何方へもこきやくく仕、渡申候者、何時も
可被召上候、又ハ為一毛無沙汰仕候者、可被召上候、仍状如件

永禄九年七月六日　　むしやのこうしまち（武者小路町）又五郎（花押）

鴨脚殿様御内

右馬助殿

出雲路東頰
敷地
畠作職

四八　東武者小路二郎ゑもん畠作職預状

東武者小路

出雲路東頰御敷地之内、畠一所三うね事、御作職之儀あつかり申候、御地子銭
者一うねに五十地子と被仰付候、畏存候、自然此畠他所へ渡申、又ハ為一毛共
無さた（沙汰）仕候ハヽ、何時も可被召上候、仍状如件

永禄九年七月廿八日

ひかしむしやのこうし（東武者小路）
二郎ゑもん（略押）

鴨脚殿様御内
右馬助殿

出雲路東頰

四九　北小路かヽ方女房衆かね畠作職預状

出雲路東頰御敷地之内、畠二うね事、御作職之儀預申候、御地子銭者一うねに

敷地
畠作職
北小路

竹村治昆

五十地子と被仰付候、畏入候、自然此畠何方へもうり申事候者、何時も可被召上候、又ハ為一毛共無さた（沙汰）申候者、可被召上候、仍状如件

北少路か、方女房衆

永禄九年七月廿九日　かね

鴨脚殿御内

右馬助殿

五〇　竹村治昆大工田代物預状（切紙）

（端裏書）「（永禄）永九年　」

代物弐貫文御ふうのまゝ預り申候、重而御算用可申候也、大工田之分

八月十一日　竹兵（花押）

（鴨脚秀延）中太殿

参

出雲路敷地
畠作職

柳つし

鴨西ノ御方
大工田

五一　柳辻子与三郎畠作職預状

出雲路御敷地之内、畠四きれ御作職預かり申候、御地子銭者かたきに四十文
出申候、此外御ふちのよし畏存候、若一毛とも無沙汰仕候者、何時も可被召上
候、仍為後日状如件

柳つし

永禄九年閏八月廿三日　与三郎（略押）

鴨脚殿様御内
右馬助殿

五二　竹村治昆鴨西大工田年貢請取状

（端裏書）
「永九年十月廿二日」

鴨西之御方大工田所々之分請取申
年貢米之事

永禄五年分壱石　　上かもの与次郎
同六年分壱石　　同人
同七年分壱石四升三合　同人
同八年分壱石　　同人　但、源左衛門方へ渡
同九年分壱石　　同人　但、源左衛門方へ渡
以上五石四升三合、但、小升也、
但、壱石四升三合か我等升ニ八斗五升有

大森新右衛門分

一大森新右衛門分
永禄五年、同六年、同七年分まで
合弐石四斗八升七合
但、五斗八升七合か我等升ニ四斗八升あり

大森新次郎分

一大森新次郎分

永禄五年、同六年、同七年分まて

合壱石七斗弐升六合

但、延同前

大森行住房分

一大森行住房分

永禄五年、同六年

合弐石五斗か

但、延同前也

松ヶ崎

一まつかさき（松ヶ崎）よりの分

合八斗弐升か

但、延上かもの与次郎同前

惣已上拾弐石五斗七升六合か（但、小升也、代八年のさうは也）

松ヶ崎

一まつかさき（松ヶ崎）より大麦之分

合五斗七合か小升也

已上

竹村治昆

竹兵（竹村治昆）（花押）

中太（大）殿（鴨脚秀延）

鴨西ノ御方
大工職
竹村治昆

五三　竹村治昆書状

「（端裏書）（永禄）永九年　」

就鴨西之御方大工職之儀、従其方之書状共如何様之義、此方ニ御座候共、可為反古候、廿貫文之内拾貫文ハ請取申候、残拾貫文之分、米銭之請取可在之候、其旨来春御算用候て可有御済候、恐々謹言

十二月廿四日　竹村兵部丞
治昆（花押）

（鴨脚秀延）中務大輔殿
参
御宿所

五四　柳沢久継畠作職預状

（端裏書）「そうもんふてや一畓也　」

出雲路御敷地之内、畠一うねの事、御作職預かり申候、御地子銭者五十相定申候へ共、当納卅五銭分納所可申候、若為一毛共無沙汰申候者、何時も可被召上候、仍為後日状如件

柳沢彦左衛門尉

永禄九年十二月廿七日　久継（花押）

鴨脚殿御内

右馬助殿

まいる

五五　一条烏丸仏師屋中将畠作職預状（切紙）

（端裏書）「これハ自筆自判也」

出雲路東つら敷地之内、はたけ二うねさくしき（作職）預り申候、御地子銭ハ一うね五十地子と被仰候、畏存候、雖然、当納卅五せん納可申候、此外御ふちと存候、若地子銭為一け（毛）無沙汰仕候者、何時も可被召上候、仍状如件

一条烏丸

仏師屋中将

永禄九年
十二月卅日
（宛所欠）

仏師屋
中将（花押）

出雲路東頬
御敷地畠作
職

五六　一条烏丸仏師屋中将畠作職預状（切紙）

出雲路東頬御敷地之内、畠二うね御さくしき（作職）預かり申候、御地子銭者一うねニ五十地子と被仰候、畏存候、雖然、当納卅五銭納可申候、此外御ふちと存候、若為一毛無沙汰仕候者、何時も可被召上候、仍為後日状如件

中将

永禄九年十二月晦日　一条烏丸仏師屋
中将（花押）

いちやう（鴨脚）殿御内右馬助殿
まいる

五七　下鴨大工年貢請取算用状

十貫文前渡申候、

下鴨大工年貢請取分さうは
大森新二郎
大森新右衛門尉

永禄五年、同六年分
惣合八石二升三合か此代参貫九百文か
御算用之旨ニ候、主ふしん（不審）申候者、重而可申入候
永禄七年分下鴨大工年貢請取分
正月ニ
壱石四升三合　但我等之升ニ八斗五升有 此代六百廿文、去年之さうは七百五十文　上かも与二郎
永禄八年
四斗四升五合　但我等之升ニ三斗六升有 此代四百文、去年さうは一合五十文　大森新右衛門尉（二郎）
同
五斗八升七合　但我等之升ニ四斗八升有 此代五百廿七文去年さうは一合五十文　大森新右衛門尉 同人
同年分永禄八四月十九日
二斗八升四合　此代三百十二文　松波与二郎
同大麦
壱斗六升　同人
同年
壱斗九升　此代二百九文　同与五郎

さうは

竹村方

鴨西ノ御大工職

大麦
九升七合　両人分二斗五升七合
代百廿文
永禄八年
壱石一斗　但八斗九升有右之以延於算用也、
代九百七十二文、二年も　上かも与二郎
一合五十文さうは
永禄九
壱石　但八斗一升五合
代九百五文　まへの年のさう（相場）は同
永禄五年同六年分者竹村方よりさん用也同七年より九年迄のさん用竹村方隙入申候間我等にさん用申候へと被申候間此方にて大方さん用申候分如此候
以上四貫七十二文

五八　竹村治昆書状（折紙）

（端裏書）「（永禄）永十年」

態一筆令啓候、仍鴨西之御大工職之儀、御扱之筋目にて相果申段、無紛候条、百姓前御年貢等之儀、社家へ御理候て可有御催促候、我等之構無之候、御算用出入之儀者、只今取乱候間、隙明次第ニ参合究可申候、然上者彼証跡共、只今渡可申処、源左衛門与我等間ニ少申子細候之条、今少御延引候て可給候、急度相究可渡申候、猶其上にて源左衛門兎角申儀候者、有様之上以可申付候、委細期面拝之時候条、不能一二候、恐々謹言

信濃兵部丞

（永禄十年）七月十三日　治昆（花押）

鴨脚（秀延）中務大輔殿

まいる

御宿所

五九　播磨等祠堂銭借用証文

祠堂銭之事

合四貫三百文者

右、何時成共、其方次第可進候、仍状如件

永禄十一辰年霜月九日　土佐

益蔵主

大知院之内
　益蔵主
　　まいる

播磨（花押）
玉泉坊（花押）
（南大路）長周（花押）
（鴨脚）秀延（花押）
光浦（花押）
（泉亭）祐房（花押）
祐雄（花押）

なりめの注文
和多田次郎
大くき

六〇　若狭国丹生浦刀禰百姓中なりめの注文

（端裏書）「丹生浦事
　天正弐年　百性しるし上申候　」

御なりめの注文
はやせの升定也是ヲ浦升ニつ、めて五石四升也
上銭百文ニ壱斗一升宛ニ仕候へハ四貫五百八十四文
此分和多田次郎殿へ相渡申候也
一米八石
一大くき（鱇）　百本　代弐百文

中くき
小くき
大鯛
小鯛
大はまち
すしさは
こかつを
鮑・いか・かつを
丹生浦刀禰百姓等

一中くき（鰔）　八百本　代八百文
一小くき（鰔）　五百本　代弐百文
一大鯛　拾枚　代弐百文
一小鯛　百五十枚　代五百文
一大はまち（魬）　七本　代参百文
一すしさは（鮨鯖）　弐十五　代百文
一こかつを（小鰹）　六つ　代拾三文
都合六貫九百文カ此分にて相済申候
御あつらへの鮑幷いか（烏賊）・かつを（鰹）をなとハ、海上荒申ニ付て無御座候間、如此調
上申候、可然御披露所仰候、以上
極月五日　丹生浦
刀禰百姓等
鴨右馬助殿
参

丹生浦
鮑
粟屋勝久
丹生浦
夏成色々
和布
飛魚

六一　粟屋勝久書状（折紙）

就丹生浦当所務之儀、被差下御使候、尤候、仍御祈祷之御巻数并扇子十本拝受仕候、随而□（鮑）卅貝令進覧候、軽少之至、併御音信計候、恐惶謹言

（天正三年）六月二日　　粟屋越中守
勝久（花押）

鴨脚中務（秀延）大輔殿
参尊報

六二　若狭国丹生浦刀禰百姓中書状

（切封跡アリ）

畏而申上候

抑御夏成色々事

一和布　百弐十五帖
一飛魚　七百五十枚

盆供飛魚　心太　あちやきれ　鯖　丹生浦刀禰百姓中　釘代　秋成 和多田次郎

一盆供飛魚　　七十五枚
一心太　　七丸半
一あちやきれ　　三つ半
　已上
誠乏少雖憚御座候、鯖拾指致進上候、可然様ニ御披露所仰候、恐惶謹言
(天正三年)六月十四日　　丹生浦
　　　　刀禰百姓中
鴨右馬助殿

六三　若狭国丹生浦刀禰百姓中書状（折紙）

又釘之代之事ハねた(値)かく(高)被思召由候、此方ハ聊如在無之候へ共、壱貫文之分ニ御算用可有候、以上

去年御秋成之儀和多田次郎殿へ御理申、以他足上申処、大雪ニ付而冬中ニ不罷上候由承候、驚存候、然共此方ヨリハ如送状上申候つる間、重而彼使之者を相

尋、和多田次郎殿を以急度相究候て致社納候様ニ涯分馳走可申候、此等趣御
披露所仰候、恐惶謹言

丹生浦
刀禰百姓

（天正三年）六月十四日

鴨右馬助殿
参

（異筆）「天正三」

六四　若狭国丹生浦刀禰百姓中書状（折紙）

乍恐申上候、御成目之儀、如例年上可申處、不慮之外竹波江網場ヲ被取候ニ付而、
猟曽而無御座候、然者御成目御侘言之儀、佐渡守殿へも一円ニ御侘言之趣申
上候、左様ニ御座候へハ　御本所様へも可申上存候へ共、当年如半納上申候、
来年も此分ニ候ハヽ、御年貢者一向ニ成申間敷候、此儀如何様御侘言可申上
候間、従　御本所様越中守殿江御理被仰届候様ニ御披露忝可存候、恐惶謹言

丹生浦刀禰
百姓

竹波
網場

越中守

丹生浦刀禰
百姓等

鱁

秋成

(天正三年)六月十四日　　　丹生浦
　　　　　　　　　　　　　　刀禰百姓等
鴨右馬助殿
　人々御中

六五　若狭国丹生浦刀禰百姓中書状包紙

天正三年六月十八日到来候状共
□去年一貫二百にてくき(鱁)あつらへ候、然共□□□□(おもく候)よし申下候処ニ、此
すへのあきなり(秋成)の時、二百文のほせ候ハんよし、むまのすけ(右馬助)に申上候、かなら(必)
すこい可申候、又去年上候うを(魚)の数も、ちかい□　□ころにそれハ
あきんとに□　□あきんとも申候て、数のちかい申候ハん、のほせ候ハ
んよし候、うをの数ちかい候ハんのちうもん(注文)ハうら(裏)に御いり候
(後筆)「天三夏」

「（ウハ書）（後筆）

鴨右馬助殿　　　丹生浦

刀禰百姓」

六六　和多田秀堅書状（折紙）

尚々毎度五明等忝存候、御礼難申得候、将亦浦より上申候魚代にてかい物可仕候、盆之ち（時カ）分人上可申候、以上

如例年御札并巻数・五明等慥ニ致頂戴候、彼浦所務之儀、当年ハ百姓迷惑之由候、委曲右馬助殿可有御演説候、并越中守御返事申候、貝卅進入之由被申候、猶懸御目可申候、恐々謹言

（天正三年）六月　日　　和多田次郎

秀堅（花押）

鴨脚中務（秀延）大夫殿返報

魚代
かい物

巻数
五明
貝

和多田次郎

柳原魚屋
丹生浦
秋成
飯
はまち

六七　柳原魚屋やさへもん丹生浦秋成公用銭為替（折紙）

天正四年十二月
下かも（鴨）中つかさ（務）大ゆふ（輔）殿まいる
やなきわら（柳原）うをや（魚屋）
やさへもん（花押）

わかさ（若狭）にうのうら（丹生浦）御ちきやう（知行）天正四年あきなり（秋成）ふん（分）御くよう（公用）六貫九百文、国本うけとり（請取）申候間御よう（用）したい（次第）にこのはん（判）にてたれ（誰）になりとも御もたせ候て可給候、なんとき（何時）もわたし（渡）可申候、以上

六八　若狭国丹生浦惣百姓中飯預状

預かり申飯之事
合百者
右之はまち（飯）ハ明年之れう（漁）時ニ水魚ニて可有御取者也、仍預り状、如件

丹生浦惣百姓中

三郎左衛門

藤大夫

左■丞

天正五年八月朔日　丹生浦惣百姓中

善古

中務

向上

五郎大夫

大西

兵衛四郎

弥左衛門尉殿

まいる

弥さへもん方へ百姓出候○案文（○状被見候間、うつし候、）

天正四年分

丹生浦あらまき小鯛
夏成分
秋成分
かい物
鰤
はまち
鮑
小成物

六九　三郎四郎書状（折紙）

（切封跡アリ）

尚々丹生浦ゟあらまき（荒巻）とて小鯛ノ数廿進上ニて候、又拙者方ゟあらまき（荒巻）壱つ、
小鯛数五つ進上候間、可然様御取申合所仰候、以上

先度ハ御状忝存候、仍丹生浦成物之儀、涯分馳走、御催促急度仕、相調申候
一弐貫参百八文ハ夏成之分
一六貫九百文ハ秋成分
又御かい物之事
一百七十五文、鰤之代
　但、数弐雉
一百文　はまち数四こん
一五十文　鮑数廿五
　合三百弐十五文
此分ハ成銭之内則遣候
又小成物之事

火の魚の鮭
あら巻
つなき鯖
神祭ノ御ひつ
小鯛

一火の魚の鮭　壱尺
一神田之あら巻　壱つ
　但、此内鯖五つ
一つなき鯖　数五つ
一神祭之御ひつ（櫃）
但、此内ニ小鯛数十七、但、七合升定一升五合也
以上、此分涯分馳走申、京進仕候、恐々謹言、かしく
　極月十三日　三郎四郎
鴨右馬助殿
　御申
「（ウハ書）（封墨引）
鴨右馬助殿へ　三郎四郎
　まいる　御申」
「（異筆）（天正カ）天五十二月十八日」

七〇　井家豊家書状（折紙）

（端裏書）
「天正六年　」

鴨社祝職之事、被仰付候、内々可被（ママ）其旨存知之由候也

九月十六日　　豊家（花押）

井家五郎

鴨
中務大夫殿（鴨脚秀延）

七一　井家豊家書状（折紙）

鴨社御造営之儀付而被成女房奉書候、弥可致再興之由被仰出候、若於社中疎略輩在之者、可為曲事候、仍執達如件

（天正六年カ）
九月廿七日　　豊家（花押）

勧修寺家雑掌

鴨祝
造営奉行御中

（七〇・七一包紙）（後筆）
「女房　　井家摂津守豊家　　于時
御奉書添　勧修家雑掌　　院北面
状、伝奏
勧修寺殿　秀久　外曽祖父
祝職勅許之事、伝奏下知御造営　　豊家筆　」

七二　賀茂別雷社長日祈禱巻数案

（端裏書）
「これハかミかもより正月出候くわんしゆ（巻数）也」
賀茂別雷社
長日　参詣御祈禱事
右奉為

太施主御息災延命安穏泰平御願円満、殊致丹誠所奉祈之状、如件

天正六年十二月　日　　散位成清

若菜
丹生浦

七三　若狭国丹生浦刀禰百姓中若菜送状包紙

（包紙ウハ書）
「（異筆）「天正八年正月わかな（若菜）おくり（送）状也」

丹生浦
刀禰百姓中」

鴨右馬亮（助）殿

鴨社ノ法式

七四　鴨社法式条々

（包紙ウハ書）
「当社御法式之書札」

定

当社御法式之事

一森中於伐取竹木者、可有御成敗事

一同中江出入牛馬幷草苅者御成敗事

毎月十六日
白洲一駄ヲ
入ルベシ
当社ノ服忌
服忌令

一当社御境内川狩御禁制事

一毎月十六日仁人々被請取御掃治(除)仕、則白洲壱駄可被入候、式日於由(油)断者、為
科料すな(砂)十駄宛可被入事

一当社物(服)忌以下、如先規、以物(服)忌量(令)之上、諸事可被任　社法事

一近郷幷諸国社領当知行外、廿ヶ年以来退転地、才覚次第致執沙汰、御造営料
所ニ可被相付事

一社家輩御造営付、於無馳走者、其身社恩地御造営料ニ可被相定事

右條々弥不可有相違者也、仍式目如件

天正九年七月五日

長実（花押）
伊照（花押）
伊直（花押）
伊永（花押）
伊貞(田中)（花押）
伊右(北大路)（花押）
伊乗（花押）

（南大路）長勝（花押）
（鴨脚）秀延（花押）
（梨木）祐豊（花押）
（泉亭）祐房（花押）

七五　村井貞勝鴨社法式条々写

鴨社法式

定　当社法式

一不可伐採　御境内之森林竹木事

一於同中不可入飼牛馬幷草苅事

一於同中川狩堅御禁断之事

毎月十六日ニ白砂一駄ヲ入ルベシ

一毎月十六日ニ人々被請取掃除候而、白沙壱駄宛可被入、若式日於油断者、為過料白沙拾駄宛可被入事

服忌令

一物（服）忌如先規、可被任物（服）忌量（令）之旨幷当所諸式之儀、可為社法次第事

一近郷幷諸国社領当知行之外、廿箇年以来退転之地者、各才学（覚）次第致執沙汰

村井貞勝
鴨社祝造営奉行中
鴨社法式
毎月十六日ニ白砂ヲ入ルベシ

可被付　御造営之料所事
一就　当社之儀、社家輩於致如在者、彼社恩之地可被付御造営料事
右条々堅相定畢、若於違犯之輩有之者、可処厳科者也、仍所定如件
天正九年十月三日　　(村井貞勝)春長軒御判
鴨社祝造営奉行中

七六　鴨社法式条々

「(後補包紙ウハ書)社家一筆　天正九年当社御定一札　加賀守親善名判」

定
鴨社御法式之事
一不可伐採御境内之森林竹木事
一於同中不可入飼牛馬幷草苅事
一於同中川狩堅御禁断之事
一毎月十六日仁人々被請取掃除候而、白沙壱駄宛可被入、若式日於油断者、為

服忌令

親善

鴨社造営方

過料拾駄宛可被入事

一物（服）忌如先規可被任服紀（忌）令之旨幷当所諸式之儀可為社法次第事

一近郷幷諸国社領当知行之外、廿箇年以来退転之地者、各才（覚）学次第致執沙汰

可被付御造営之料所事

一就　当社之儀、社家輩於致如在者、彼社恩之地可被（付脱カ）御造営料事

右条々堅被仰出旨、中山中（親綱）納言殿御奉行所候也、仍執達如件

天正九年十月九日　　　　　　　親善　（花押）

鴨社造営方

一社御中

七七　鴨御祖太神宮祈禱巻数

（端裏書）「禁裏御巻数本　しんわうさまへ上候時候ハ　きんりんさま書所へしんわうさまあけ□

親王　息災延命と書

鴨御祖大（太）神宮

御祈禱事

尊院陛下
親王
女大施主
巻数

天変火災御
祈
佐渡守家政

右奉為
(後筆)「ゐんの御所さまへ巻数時ハ、きんりんさま(禁裏)と書をのけて、上ノまるの内を書、しんわうさま時
も　女ゐんさまの時も同前」
(尊院陛下)(親王)(女大施主)
金輪聖皇玉躰安穏、天下泰平、国土安全、五穀豊饒、四海静謐、万民快楽、所願成就、
皆令満足之由奉抽丹誠之状、(後筆)「仍勅　御巻数如件」斯(ママ)　仍御巻数如件、
(後筆)「天正十年今月吉日」
天正五暦丁丑今月吉日

七八　甘露寺経元御教書（本紙・礼紙）

(包紙ウハ書)「謹上　鴨祝殿　佐渡守家政奉」
(貼紙)「就天変火災御祈、
大納言殿御奉行家政」
就天変火災御祈事、従来廿八日一七ケ日別而可被抽丹精之由被仰出候間、可
被下知一社之由大納言殿(甘露寺経元)仰所候也、仍執啓如件
正月廿六日　佐渡守家政奉

伝奏

下鴨社祝分
松崎郷
天正年中検
地

松崎郷
天正年中検
地

謹上　鴨祝殿

（礼紙書）
「追而申
結願日早可申之由候也

（礼紙端裏書）
「天正十一年正月廿六日、伝　奏より御祈御書出也」」

七九　生熊長勝下鴨社領松崎郷田地作人注文

（包紙墨書一）（後筆）
「下鴨社領祝分
生熊源介
松ヶ崎郷所付書附弐通
天正年中御検地水帳ニ被除所付、并
其後無沙汰ニ付催促之書付」

（包紙墨書二［包紙注記一と天地逆に記す］）（後筆）
「下鴨□□分
生熊源介
松崎郷所付書附弐通
天正年中御検地水帳ニ被除所付、并
其後無沙汰ニ付催促之書付」

（注）包紙には一六四号文書を一緒に包む。また、包紙墨書一と二は天地逆に記す。

松崎郷
やないた
西松崎
枚かゝいと
中かいと
あまかゝいと
南くらま田

今度松崎郷之内、雖被成御見(検)地、下鴨社領就御免許、小早苗年貢分米水帳相除申

目録事

やないた　三斗　西松崎　さへもん

同所　三斗　同　藤五郎

枚かゝいと　四斗五升　同　三郎衛門

中かいと　三斗　同　川村新助

同所　三斗　同　与二郎

同所　三斗　同　九郎衛門

あまかゝいと　五斗御□うへ分　同　与七

南くらま田　弐斗五升　同　新二郎

枚かゝいと　四斗五升　同　与二郎

さかのしり
いの口
生熊長勝
鴨社造営
奉行中

さかのしり　四斗五升　同　五郎三郎
いの口　三斗　同　又三郎
いの口　三斗　さへもん
合四石二斗者
右年貢米如先々可有社納候、仍目録如件
天正十一年
八月二日　生熊源介（長勝）
下鴨
祝殿

八〇　甘露寺経元御教書（本紙・礼紙）

（包紙ウハ書）「鴨社　造営奉行御中　佐渡守国次奉
（貼紙）「天正十一年当社法式之事、先年女房

当社法式
甘露寺経元
佐渡守国次
造営奉行中
御読経所預り職
日夜朝暮香花役

御奉書之表可相守旨、甘露寺殿御奉行」　」

当社(切封跡アリ)法式之事、先年女房御奉書幷被成下一書御下知之旨、猶以堅可被申付之由、甘露寺大納言(経元)殿所仰候也、仍執達如件

(付箋)「天正十一年」
十月十三日　　佐渡守国次奉

鴨社

造営奉行御中

(礼紙ニ封墨引アリ)

八一　鴨御祖太神宮読経所預職補任状等写

政所下　鴨御祖太神宮御読経所預り職之事

定補　　堅重

右以人之(令)補任彼職之状如件者、日夜朝暮香花役・諸役等任先例可令勤仕、若於闕如ニ者可有改易者也、此旨宜令承知、故以補任

社務祐豊

御読経所預り職

日夜朝暮香花灯明役

社務祐豊

天正十壱年十二月十三日　　散位判

社務祐（梨木）豊判

政所下　鴨御祖太神宮御読経所預り職事

定補　　永存

右以人（令）之補任彼職状（之脱カ）如件者、日夜朝暮香花灯明役并諸役等、任先例可令勤仕、若於闕如者可有改易者也、此旨宜令承仕（知）、故以補任

慶長八年

十一月廿二日　　長弘判

社務祐（梨木）豊判

八二　甘露寺経元御教書（本紙・礼紙）

（包紙ウハ書）

「（貼紙）「御不豫御祈　甘露寺大納言家」」

御不豫祈禱
甘露寺経元
佐渡守国次

謹上　鴨祝殿　　　佐渡守国「　」（次）

御不豫御祈之事、別而可被丹精之由、被仰下之旨、甘露寺大納言（経元）殿所仰候也、仍
執達如件
（天正十二年）正月十八日　　佐渡守国次奉
謹上　鴨社祝殿

地子
西町
白洲
北新屋敷

八三　北新屋敷年寄中地子請文

たうちやう（当町）ちし（地子）のき（儀）、西ちやう（町）なミ（並）とうけ給候へとも、御わひ（詫）事申付、一斗あてに御さため（定）候ハてくた（下）さるへきよし、かしこまり（畏）存候、この御礼として、まい月廿八日ニたうしや（当社）御しらす（白洲）のうへ（上）をすこし（少）もちり（塵）をのこさ（残）すはき（掃）可申候、もし一か月もふさた（無沙汰）申候ハヽ、ちし（地子）のき（儀）いへなミ（家並）に一斗三升三合あて（宛）御とりなされ（る）へく候、又いへぬし（家主）しかわり候ハヽ、こけそく二百文ツヽ、先上可申候、仍状如件

天正十二年　　北新やしき（屋敷）としより（年寄）中

御造営方
地子
西町
北新屋敷

三月二日　衛門四郎（花押）

御さうゑかた（造営方）へ　彦七（花押）　道ゆう（花押）

参　彦左衛門（花押）

八四　北新屋敷年寄中地子請文

たうちやう（当町）やしき（屋敷）うけ申付、ちし（地子）一斗三升三合あて（宛）いへなミ（家並）出候へのよしうけ給候、尤にしちやう（西町）なミ（並）にいたすへき処に、御ちそう（馳走）を以、一斗あてに御さため（定）なされ候、かしこ（畏）まり存候上ハ、御ふうとも被仰事いかやう（何様）のき（儀）もちそう（馳走）申へく候、もししよさい（如在）候ハヽ、ちし（地子）ありやう（有様）にめさ（召）るへく候、仍状如件

天正十二年　北新やしき（屋敷）としより（年寄）中

三月二日　衛門四郎（花押）

彦七（花押）

道ゆう（花押）

ひやうふ（兵部）の大ゆふ（輔）殿　彦左衛門（花押）

さまへ

まいる

前田玄以
丹生浦
秋成分
夏成分
鴨脚秀延
松田政行

八五　鴨脚秀延若狭国丹生浦年貢銭注文

（端裏書）「玄以又■公へ上申候わかさ知行一行也」

鴨社領若狭丹生浦知行□（分カ）之事

一秋成分　八貫九百五十文

一夏成分　八貫六百□（五十四文カ）

合拾七貫六百四文

大かたおほへ申上候惣かき物ニわけ、かさ（重）ねて進上可申候、以上

祝

天正十弐戊年十二月十七日

秀延（鴨脚）（花押）

松田勝（政行）右衛門殿へ

又今日若狭知行分御尋「　」右「　」あけ申候、以上書物二通あけ申
候、其安（案）文共也、将亦「　」分ちかい申候「　」とほりをも以書状申上候

八六　若狭国丹生浦書付袋上書

若狭国丹生浦書付袋

永享七年六月十五日　刀禰在判　にうのうら（丹生浦）の御年貢の公事いろ〳〵　壱通

寛正六年三月十四日　刀禰五郎兵衛・御百姓厨在判　年中物成の書物　壱通

天正二極月五日　御なりめの注文　壱通

同　三　六月十四日　乍恐申上候一通　去年御秋成候壱通　表包訳書有之　二通

六月二《二》日　六月　日　粟屋越中守勝久状一通　和多田次郎状一通　弐通

畏而申上候、抑御夏成色々之事　一通

天正四十二月　下かも（鴨）中務大ゆふ（輔）殿　やなきわら（柳原）うをや（魚屋）弥左衛門状　一通

天正五八月一日　預り申鮍《ハマシ》之事　一通

正月廿五日　抑若菜色々事　一通

若狭国丹生浦
刀禰
粟屋勝久
和多田次郎
柳原魚屋
鮍
若菜色々

わかなの送状　天正八正月　わかな（若菜）の送状　一通
　御節季色々事　一通
　先度御状忝　極月十三日　六郎四郎　一通
　畏而申上候、抑御夏成色々事　六月廿五日　一通
夏なり　夏なりのほるへき色々色々はんふんから　一通
　乍恐以書状申上候　十一月十日　一通
　御書之趣各《承》畏存候　三月廿二日
あこ　天正十四　あこ千五百こん　一通
〆十九通
神戸記　神戸記之内ニ任幸便進之云々　一通　此分不見、可糺事
秀延　天正十二年十二月七日（十欠カ）　松田勝衛門玄以公上申候わかさ（若狭）知行物成之事、秀延在判　一通
若狭丹生浦知行分　鴨社領若狭丹生浦知行分事　一通

（注）本文書は近世のものではあるが、かつて下鴨社領若狭国丹生浦に関わる文書二十一通を収めていた袋（上書）であり、便宜上ここに収録した。

羽柴秀吉ノ出陣
甘露寺経元
佐渡守国次

八七　甘露寺経元御教書奉書（本紙・礼紙）

「（包紙ウハ書）
（貼紙）
「就内府御出陣御祈之事
甘露寺大納言殿家　」
謹上　鴨祝殿　　　佐渡守国次奉」

就内府（羽柴秀吉）御出陣之儀御祈之事、別而可被抽丹精之旨被仰出候、可被下知一社之由、甘露寺大納言（経元）殿仰所候也、仍執達如件

（天正十三年）
三月廿二日　　　佐渡守国次奉

謹上　鴨祝殿

（礼紙書）
「追申了
於御巻数御陣所へ直ニ可被進之由候、不可有遅々候」

八八　中山親綱御教書（本紙・礼紙）

「（包紙ウワ書）
（貼紙）
「天象変異ニ付、御祈祷

天象ノ変異
中山親綱
加賀守親善

大地震
中山親綱

中山大納言殿御奉行所」

謹上　鴨祝殿　　加賀親善奉　」

天象之変異不尋常、両度之勘文御慎不軽、別而一七ヶ日一社一同可被抽丹誠之由被仰出旨、中山大納言（親綱）殿御奉行所候也、仍執達如件

（付箋）「天正十三年」

六月十七日　　加賀守親善奉

謹上　鴨祝殿

（礼紙端裏書）「天十三　」

八九　中山親綱御教書（本紙・礼紙）

（包紙ウハ書）「（貼紙）「大地震御慎御祈　中山殿奉行」

謹上　鴨祝殿　　加賀守親善奉　」

去五日大地震不尋常、御慎不軽、別而一社一同可被抽丹誠之由被仰出旨、中山

加賀守親善

北国凶徒征
罰
中山親綱
加賀守親善
巻数ハ陣ニ

（親綱）
大納言殿御奉行所候也、仍執達如件
（付箋）
「天正十三年」
七月廿一日　加賀守親善（花押）奉
謹上　鴨祝殿
（礼紙端裏書）
「天十三　」

九〇　中山親綱奉書（本紙・礼紙）

（包紙ウハ書）
「謹上　鴨祝殿　加賀守親善奉
（貼紙）
「北国凶徒御征罰御祈」　」
北国凶徒征罰御祈之事、別而一七ケ日一社一同可被抽丹誠之由被仰出候旨、
中山大納言（親綱）殿御奉行所候也、仍執達如件
（天正十三年）
八月卅日　加賀守親善（花押）
謹上　鴨祝殿
（礼紙書）
「追而言上

直ニ下スベシ

松崎郷

下鴨雑掌

一柳

御巻数御陣へ直ニ可被下之由被仰出候　」

九一　下鴨社雑掌松崎郷石高指出

（端裏書）
「□(一)柳殿　　　下鴨雑掌」

下鴨社領方

九拾壱石壱斗四升　松崎郷在之

天正十三年霜月八日　　　下鴨
雑掌（花押）

一柳殿
御奉行衆

九二　下鴨社雑掌某松崎郷年貢注文

下鴨領

一拾四石一斗　松弥左

正安（案）文

下鴨社領　松浦殿御さをて分

一拾四石壱斗　京畠在之

右分米、若於相違者、重而可被御紀明者也

天正十三

十一月十七日　下鴨役（花押）

松浦殿

参

松浦ノ棹

松浦

九三　下鴨社一社連署替地請文写

関白様より今度雖被成御検地候当知行社領分御替地被下候、忝存候、然者彼社領高内拾分一を以、御神事之定御造営料ニ各相定申候、若一粒一銭も私曲之輩在之者、其身御社恩被召放、御造営ニ可被付者也、仍為後日状如件

天正拾四年正月廿一日

年老次第　祐房（泉亭）

祐豊（梨木）

秀吉ヨリ替地ヲ與ヘラル

十分ノ一ヲ造営料ニ定ム

（鴨脚）秀延
権大夫
美作守
加賀守
又五郎
出雲守
甚三郎
甚四郎
弥三郎
又次郎
又三郎
甚八郎
孫九郎
弥五郎
若狭

供僧代
神人代

田地取込ム者ハ社領ノ内ヲ渡スベシ

新二郎
山新三郎
供僧代
土佐
又五郎
新三郎
上番
新七郎
新五郎
左衛門五郎
神人代
豊後
兵庫

兵部大輔
豊秀（鴨脚）

九四　下鴨社一社連署替地請文写

当社領御替地之内ニ自然申分出来候者、誰々雖為手前社領被下候為人数如何様にも可申調候、物之入儀御座候者、右之社領ニ可被懸(ママ)相候、猶田地取込仁(ママ)在之者、其身相違之分程惣社領之内を以渡可申候、各々其時一言儀不可申候

供僧代

上番

神人惣代

仍為後日状如件

天正拾四年正月廿一日

年老次第　若狭

（泉亭）祐房　新二郎

（梨木）祐豊　山新次郎

（鴨脚）秀延　供僧代

権大夫　土佐

美作　又五郎

加賀　新三郎

又五郎　上番

出雲　新七郎

甚三郎　新五郎

甚四郎　左衛門五郎

弥三郎　神人惣代

大蔵殿代　豊後

又二郎　兵庫

秀吉ヨリ替地ヲ與ヘラル

五分ノ一ハ神事定トス

又三郎

甚八郎

兵部大輔　孫九郎

豊秀（鴨脚）　弥五郎

関白様（豊臣秀吉）より今度雖被成御検地候、当知行社領分御替地被下候、忝存候、然者彼社領高弐拾分一を以、公儀御まかないなされるへく候、同高内五分一を以、御神事定同御造営料ニ各相定申候若此内一粒一銭も私曲之輩在之者、其身之御社恩被召放、御造営ニ可被付者也、仍為後日之状如件

年老次第

天正拾四年正月廿一日

各在判

右同断

ひつ（筆）者公役長勝（南大路）

止雨
中山親綱
加賀守親善

丹生浦

九五　中山親綱御教書（本紙・礼紙）

（包紙ウハ書）「謹上　鴨祝殿　加賀守親善奉」
（異筆）「止雨」

止雨御祈之事、別而一七ケ日一社一同可被抽丹誠之由被仰出旨、中山大納言（親綱）殿御奉行所候也、仍執達如件

（天正十四年）六月五日　加賀守親善奉

謹上　鴨祝殿

九六　前田玄以書下案（折紙）

（端裏書）「わかさにう（丹生浦）のうら御かへち（替地）の
ほうゐん（法印）さま御折帋案文」

（端書）「但、文ろく（祿）四年
五年ニ法印様ノ折帋以御しゆゐん（朱印）御とりに候て被下候、此折帋上文わ法印様へあけ申候、御しゆゐん（朱印）我々へ被下、拝領申候」

丹州報恩寺村内拾石事、為若州丹生浦社領替地令遣候、全可有社納候也

天正十四

十二月二日　　　玄以御判

下鴨祝

中務太輔殿（鴨脚秀延）

（付箋）（後筆）
「天正百四十年程元禄十二年迄

前田徳善院殿事歟　」

丹州報恩寺
村内十石ヲ
若州丹生浦
ノ替地トシ
与フ
前田玄以

九七　若狭国丹生浦知行分注文案

（端裏書）
「

これ□代官と丶のけて半分也　」

案文

あこ
千五百こん代　　参貫七百五十文

てうめ
百廿五てう　同代　弐貫五百文

ほんくのう
を
夏成銭
ひつうお
火のうを
あらまき代
秋成
わかな代

ほんく（本供）のうを（魚）
七十五こん　同　百八十七文
夏成銭　六百十七文
たちん（駄賃）二た（駄）代　壱貫六百五十四文
夏成分合八貫六百五十四文
神まつり（祭）ひつうを代　弐百文
火のうを（魚）さけ一尺代　百五十文
神田あらまき（荒巻）代　百文
せつき（節季）のあらまき（荒巻）代　百文
とね（刀禰）よりさかな十こん代　弐百文
秋成銭　六貫九百文
たちん（駄賃）一た代　八百文
正月わかな（若菜）代　五百文
秋成分八貫五百五十文
右惣合十七貫六百四文

九八　某算用状

経所
時料
八講代
大志講
供僧田

経所

本司一人之下行　　三人定

時料一人宛　一ヶ月十日分ニ一斗五合　一升宛

十月八講代　本司一人前一斗二升、五合出、

正月祝物卅《本銭》二文出、六年ニ一度、大志講、

四《本銭》百五十文出、但、一人分三合宛、上□番衆《十日ニ》

弐人、預かり一人、此《合三人ニ》時料合一斗八升、残而

三升ハこさうしはん（飯）米也

又番代一人之給分ハ、くそう（供僧）田一反ツヽ一石一斗代也、只今ハ○《本司納》米にて渡候、

但、其年之所務成、猶以定納内以似合下行仕候由円蔵被申候候（ママ）間、これをかき

おき候

天正十五
　　正月十日

関白出陣
中山親綱
親書

九九　中山親綱御教書（本紙・礼紙）

（包紙ウハ書）
「謹上　鴨祝殿　　親善奉

（貼紙）
「就関白御出陣義御祈叓
中山大納言殿（親綱）御奉行也」
」

就（豊臣秀吉）関白御出陣儀御祈事、別而一七ケ日一社一同可被抽丹誠之由被仰出旨、
中山大納言殿御奉行所候也、仍執達如件
（天正十五年）三月十三日　　親善奉
謹上　鴨祝殿

（礼紙ウハ書）（後筆）
「天正年中　武家御祈祷之一札　」

殿下出陣
中山親綱
加賀守親善

一〇〇　中山親綱御教書（本紙・礼紙）

（包紙ウハ書）
「謹上　鴨祝殿　加賀守親善奉」

（貼紙）
「就殿下御出陣御祈事
中山大納言（親綱）殿御奉行」

就殿下（豊臣秀吉）出陣御祈之事、別而一七ケ日一社一同可被抽丹精之由従
院被仰出旨、中山大納言殿御奉行所候也、仍執達如件

（天正十五年）
卯月三日　加賀守親善奉

謹上　鴨祝殿

一〇一　中山親綱御教書奉書（本紙・礼紙）

（包紙ウハ書）
「謹上　鴨祝殿　加賀守親善奉

（貼紙）
「天十五」

地震
中山親綱
加賀守親善
当社法式

（貼紙）
「就地震之御慎御祈
中山中納言殿御奉行」

去十七日地震御慎不軽、別而一社一同可被抽丹誠之由被仰出候旨、中山中納（親綱）言殿御奉行所候也、仍執達如件

（天正十五年）
四月七日　　　加賀守親善奉

謹上　鴨祝殿

一〇二　前田玄以下鴨社法式写

（包紙ウハ書）
「玄以様御判　　写　」

定　　当社法式

一不可伐採　御境内之森林竹木事
一於同中不可入飼牛馬幷草苅事
一於同中川狩堅御禁断之事
一毎月十六日仁各被請取掃除候而、白沙壱駄宛可被入、若式日於油断者為過料白沙拾駄宛可被入事

服忌令

一物（服）忌如先規可被任物（服）忌量（令）之旨、并当所諸式之儀可為社法次第事

一近郷并諸国社領当知行之外、廿箇年以来退転之地者、各才（覚）学次第致執沙汰可被付　御造営之料所事

一就　当社之儀、社家輩於致如在者、彼社恩之地可被付御造営料事

右、条々堅相定畢、若於違犯之輩有之者、可処厳科者也、仍所定如件

前田玄以

民部卿法印

天正拾五年七月廿三日　玄以御判

鴨社祝造営奉行中

一〇三　中山親綱御教書（本紙・礼紙）

病事流布
中山親綱

（包紙ウハ書）
「（別筆）「病気流布ニ付御祈」

謹上　鴨祝殿　加賀守親善奉」

病事流布御祈事、別而一社一同可被抽丹誠之由被仰出候旨、中山大納言（親綱）殿奉行所候也、仍執達如件

加賀守親綱

氏人中

後陽成天皇
前田玄以
断札

（天正十六年）五月廿三日　　加賀守親善奉

謹上　鴨祝殿

一〇四　下鴨社氏人中連判請文

（包紙ウハ書）「祝下知（後筆）氏人中連判　証文」

（端裏書）「（ひ）うしつと衆一筆」

禁裏様（後陽成天皇）幷民部卿法印（前田玄以）之御断札之旨、尤ニ存候、少も相背申儀無御座候、自然此儀於相違者如御法度可被加御成敗候、仍状如件

天正拾六年後五月十三日

加賀守（花押）
又五郎（略押）
出雲守（花押）
甚三郎（花押）
甚四郎（花押）
弥三郎（花押）

又次郎（花押）
又三郎（花押）
甚八（花押）
孫九郎（花押）
甚五郎（花押）
弥五郎（花押）
若狭守（花押）
新二郎（花押）
新三郎（花押）
土佐（花押）
上番（花押）
又五郎（花押）
衛門二郎（花押）
新五郎（略押）
新七郎（花押）

御造営
祝
天瑞院祈禱ノ巻数・神供ヲ進上ス
鴨トモ賀茂トモ書ク

御造営
　祝殿参

一〇五　梨木祐豊鴨社造宮願書

「(端裏貼紙)天正比之物
　下上之言文之
　書物也　祐豊一通　伊直一通」

謹而言上　鴨御祖大(太)神宮一社一同申上候

一大政所(天瑞院)様御祈禱之儀被仰出付而、則於神前奉抽丹誠、御巻数幷御神供大政所様江進上仕候、関白(豊臣秀吉)様御判昏鴨下上与被仰出時者、当社之儀ニ而御座候、殊更御本社之事候、於御不審者、当社之神書奉披可懸御目候

一禁裏様よりも　大政所様御祈禱付、被立　御勅使儀、先鴨下上之社江御社参之事

一当社之御字ハ鴨とも賀茂とも書申候

上賀茂ヨリ日参ス

車争ヒ

斎院宮

一鴨下上とある事、上かも・貴布禰との様ニ申掠候哉、沙汰之限事、鴨下上と中者当社之儀、於日本国中そのかくれ御座あるましき事

一当社江上賀茂より日参、従往古于今無相違候、殊五月五日競馬役者衆同、四日ニ毎年当社江社参ニ而、神前へ御奉物在之事

一天下ニかくれなきかものまつりのくるまあらそ（車争）いの儀、当社之御事ニ候、幷斎院宮当社之儀ニ而御座候

一霜月ニりんし（臨時）のまつり（祭）と申事、しさい（子細）これある御神事ニ候、諸家之御哥道にも御もちいなされ候事

右条々被聞召分、鴨御本社御造宮之儀、被仰付候者、各忝可奉存者也

（天正十六年）七月十日　　鴨社

祐豊（梨木）（花押）

一〇六　伊直鴨社造宮願書

謹而言上　鴨御祖大（太）神宮一社一同申上候

天瑞院ノ病平癒ノ祈禱ヲ命ゼラル

一大政(天瑞院)所様御祈禱之儀被仰出付而、
関白(豊臣秀吉)様御判帋鴨上下与被仰出時者、当社之儀にて御座候
一禁裏様より鴨上下之社江御勅使被立、則御祈禱被仰出候、次上賀茂別雷社江
御祈念ニ候、然者右被仰出趣、上賀茂より案内無之付而、民部卿法印(前田玄以)公得御
意候處、かも下上と被仰出候間、別而御祈念可仕由被仰出候条、於神前奉抽
誠精(精誠)、則御巻数并御神供　大政所様進上仕候上者、御奉加之儀被仰付候者
忝可奉存候

鴨トモ賀茂トモ書ク

一当社之御字ハ鴨とも賀茂とも書申候

鴨上下トハ下鴨社ヲイフ

一鴨下上とある事、上かも・貴布禰との儀ニ申掠候哉、沙汰之限事、日本国中
神おろし(降)にも鴨下上と在之時者、当社之儀ニて御座候
一当社江上賀茂より日参、従往古無相違候
一五月五日競馬役者衆、同四日江当社江毎年社参被申候、神前江御奉物在之
事

車争ヒ

一天下ニかくれなき鴨のまつりと申儀、当社御神事ニ候、くるまあらそ(車争)いと
申儀此時也

斎院宮

一斎院宮なと、ある事、当社儀ニ候
一霜月ニりんし《臨時》のまつり《祭》と申儀御座候、しさい《子細》これある御神事ニ候、諸家の
御哥道にも御もちいなさるゝ事
右条々被聞召分、此度当社御造宮被仰付候者、於一社忝可奉存者也

（天正十六年）
七月十日　伊直（花押）

鴨社

御手洗御祓
茶屋之地子

一〇七　預安数等茶屋地子請取状

当社御手洗御祓時、茶屋之地子、さい《西院》のもの《者》・きたの《北野》ゝもの《者》・二条ゑもん《衛門》、其
外方々よりいて《出》申候ちや《茶》屋内より、参百五拾文地子を出申候、我等為社恩と
被下候、少もきよこん《虚言》申さす候、此外申分無御座候、以上

天正十七年
六月廿日　あつかり
又三郎
安数（花押）

前田玄以

月蝕
中山親綱
加賀守親善

同
出雲
伴照（花押）

（前田玄以）
法印様御奉行
参

一〇八　中山親綱御教書（本紙・礼紙）

（包紙ウハ書）
「（貼紙）「天正十七月蝕之御慎御祈事」
謹上　鴨祝殿　　加賀守親□（善）」

月蝕之事、御慎不軽、別而一社一同可被抽丹誠之由、被仰出之旨、中山（親綱）大納言殿
御奉行所候也、仍執達如件
七月十日　　加賀守親善奉
謹上　鴨祝殿

（礼紙端裏書）
「天正十七年」

賀茂別雷社

豊臣鶴松立願ノ八木造営ナクバ禰宜・神主取ルベシ

一〇九　賀茂別雷社参詣祈禱巻数案

（端裏書）「上賀茂ヨリ　唯（准）后様ニ進上」

賀茂別雷社

取分　参詣御祈禱之事

右奉為

女大施主御息（災）延命・安穏泰平・御願円満、殊致丹誠所祈申状、如件

天正拾八年五月　日神主直久

一一〇　増田長盛書状案（折紙）

うつし

若公（鶴松）様・大坂殿様御立願八木之切手・御朱印進之候、造営ニ仕候者、最前之ことく可被遣候へ共、造宮も無之由候間、是ハ禰宜・神主わけて取候へとて如此ニ被仰付候、其段被仰聞候て可被遣候（ママ）、恐々

増田右衛門尉
在判

（天正十九年）正月廿八日

賀茂下上

禰宜・神主中

一一一　岡本保望書状（折紙）

（端裏書）「大坂殿様
御立願米之事　」

尚々公弥三如存知種（腫）物出来候て何方へも不罷出候間、万々無音此事候、以上

御札本望存候、仍戸民部少殿より被仰越由候、則役者衆へ可申渡候、右如申候
大坂殿様御立願米渡申候者、御朱印可有持参候、同事ニ可被請取候、従是可申
入候、恐々謹言

（天正十九年）壬（閏）正月二日　　岡宮少
保望（花押）

下社中務（鴨脚秀延）大輔殿

大坂殿

岡本保望

御報

一一二　前田玄以書状（折紙）

（包紙ウハ書）
「（付箋）「玄以土居堀ニ成替地被下書物
民部卿法印」
下鴨役者中　天正十九」

当郷社領幷諸給人方知行、今度土居堀ニ成候、減分相改書付、来四日以前可持来候、右日限於相違者、替地被遣間敷由、被仰出候条、念を入、急度給人へも申触、不可有由（油）断候也

（天正十九年）五月一日　民部卿法印
玄以（花押）

下鴨
諸庄屋中

土居堀ノ替地ヲ遣ス

前田玄以

鶴松本服ノ立願米
天瑞院ノ立願米

増田長盛

小出秀政

寺沢広政

石川光重

伊藤秀成

一一三　増田長盛等連署書状写（折紙）

尚以当座之為初花千疋被進之以上

今度　若君（鶴松）様於御本服者、最前之御立願米七百石並大政所（天瑞院）様御立願米六千石可令社納候、其上重而千石可有御奉加之旨被仰出候条、社前可被抽懇祈事専要候、恐々謹言

（天正十九年）八月三日

増田右衛門尉
長盛在判

小出播磨守
秀政在判

寺沢越中守
弘（広）政在判

石川伊賀守
光重在判

伊藤加賀守

賀茂下上
社中

石指出

秀成在判

一一四　鴨社境内指出断簡

（端裏書）
「天正廿年正月廿五日法印（前田玄以）様より被仰付御前帳ニのせ申候せつもち□　□仕候案文」

（裏書）
「石さし出けい（境）内分也

天正廿年正月廿五日法印様より被仰付御前帳ニのせ申候案文」

しは
壱反　壱石□□□　出雲

社務屋敷の南杜のある所
四畝　六斗　二郎大郎

南屋敷
壱反　壱石弐斗　同人

南屋敷
四畝　六斗　同人 与七

土ほり道

同
五畝　七斗五升　同人 与七

中ほり
弐反　弐石八斗　同人 二郎大郎

こやの□新屋敷
壱反　壱石五斗　同人

土ほり道の西
壱反五畝　弐石壱斗　同人

この分御前帳境内帳入

土ほり社人帳ニある分　五畝一ケ所源五郎
廿歩一ケ所平三郎
此分彦四郎方水帳ニ在之

先年又助殿御打候さほ帳ニ

北ノやしき
四斗二升　ほり　母者人へのふん

南ノやしき内
八斗　ほ《う》り

二禰宜まさ彦

松木貴彦解宮ノ綸旨ヲ隠ス

同　七升　与四郎

同　一斗二升七合　五郎二郎

同　九升四合　けんさへもん

一一五　外宮二禰宜一禰宜職訴状写

（端裏書）「伊勢まさ（匡）彦　申状　きん（禁）中ニて公事御座候て被上候申状案文」

謹言上

伊勢豊受皇太神宮　二禰宜まさ（匡）彦

一右子細ハ、一禰宜とし彦（松木貴彦）数年致所労、其身行歩かなわさるの条、此由先年叡慮被聞召、とし彦解官の旨、天正十二年六月廿一日■雖被成御　綸旨、神宮へ不致披露、一禰宜方ニ御綸旨をかくし置申所、神慮難側（測）、当年是を聞出し申上候事

一惣別御綸旨被成下時、神宮十人の禰宜頂戴仕、以先例を任社法の旨、堅申付

処ニ当年ニいたつて不及其沙汰時ハ叡慮・神慮ニたいし(対)奉曲事たるへきかの事

一とし彦叡慮をかすめ、往古より相定背、社法をほしゐまゝ、のやから前代未聞の次第也、有様之旨急度於被仰付ハ、天下御祈禱たるへき事

一とし彦病躰の趣をちんじ(陳)申、御免許の御綸旨、雖有■《之》、及当年ニ神宮江披露不仕候、於度々背御　宣下を申事

一永々致所労病躰の輩、神役つとめ□(申)事、一切不成ゆへ解官なさるゝ事、於度々其例数多有之処、条々非例をいたし、宮中所務をむさほる事

二禰宜、遷宮ヲ勤ム

一一禰宜永々病躰たるによつて神前諸神役、殊　大閤(豊臣秀吉)様御新造之御遷宮御神拙者つとめ奉事

一彼申分被遂御糺明を聞、一禰宜知行所務等之儀、百性前ニおかせらるゝにおゐてハ忝可奉存事

右條々、若於御不審ニハ、神宮禰宜何も被召□(上)被成御尋、有様旨於被仰付者、弥忝可奉存候、此等之趣、宜預御披露候、以上

外宮二禰宜

外宮二禰宜

匡彦

御手洗参ニ茶屋ヲ出ス

京ノ者北野ノ者切麦屋

あやつり

京者

文禄弐年七月日

匡彦判

一一六　鴨脚秀延境内茶屋書付

「（端裏付箋）文禄四年秀延御手洗
茶や書付」

文禄二年みたらし《御手洗》参ニ付、ちや《茶》屋出申候当所之者共八人、此内我々ひくわん《被官》一人、七人のちや《茶》屋のかミにひかし《東》のかたにをき《置》申候、此外ニ京ノ者一人我々申付をき《置》申候、又北野之者鳥井《居》ノそと《外》に一人をき《置》申候、いつれも御ほう《奉加》有之か以次第出申候、我々へうけ取申候、又きりむきや《切麦屋》一人あかはしの内ニをき《置》申候、又しは《芝》ニをき《置》申候あやつり《操》共、又わ《は》しやうはい《商売》仕候者共、いつれも我々かたや《片屋》取申候、又ろく《禄》三年当年も右同前也、又御手洗の御社のさいせん《賽銭》・御奉納なにゝても候へ、我々皆々取申候、又たんな《檀那》もちて被参候御はつを《初穂》、本社両社なから我々取申候

文禄四年、右ニ同、但当年ハ御にわのちや《茶》屋一けん《軒》京者我々をき申候、其ぬし

当社ノ境内ハ蓼蔵郷ノ内
鴨脚ノ惣領鴨脚秀延

銀子壱文め（匁）ほうか（奉加）仕候、当年弥三郎方のそミ（望）申され候間、ちや（茶）屋一けん（軒）申付候、御にわの西のかた北のはしニをき申候、壱文め（匁）奉加被申候ゑとも、たうねん（当年）ハ弥三郎方へふち（扶持）申候、らい（来）年からハ御奉加取申候ハんよし申候、惣別当社御けいたい（境内）者、東御社の御領たて（蓼）蔵郷ノ内ニて候間、我々ハいちやう（鴨脚）そうりやう（惣領）にて候間、其子細以かやうのき（儀）存知仕候、仍如件

いちやう（鴨脚）中太

文禄四年六月晦日　秀延（花押）

一一七　豊臣秀吉朱印状写（折紙）

鴨脚秀延ニ替地ヲ与フ

（端裏書）
「太閤様御朱印写
此写者入不申候」

為丹州報恩寺村之内拾石替地、同国舟井郡観音寺村之内拾石事遣之訖、全可社納候也

文禄四
十月二日　御朱印

下鴨祝
中務大輔（鴨脚秀延）とのへ

一一八　鴨脚秀延書状（折紙）

禁裏ヨリ豊臣秀吉ノ病平癒ノ祈禱ヲ命ゼラル

林（禁）裏様より文禄四年十一月廿一日ニ　当社江御祈禱被仰出候、太閤（豊臣秀吉）様御
煩付御祈禱也、今日御勅使中山太（大）納（親綱）言殿也、御奉物者、御太刀一腰・御馬一疋
参候、則林（禁）裏様御師秀延代々致存知、よつて御奉物秀延請取致御祈禱候、今日

納所ニテ祝儀ヲ調フ

御祝儀勅使伝殿ニて在之事候へ共、雨強降間、御まんたう《納所》ニて祝儀調、我々あ
け申候、御勅使いくわん（衣冠）、秀延もいくわん（衣冠）也、御祝儀次第、まつ三さかつき（盃）・こ（昆
布）ふ・かちくり（搗ち栗）、のし（熨）ニて一へん御しゆ参候、勅使御さかつき秀延被下候、秀延

ぼうさう

たへ（給）候て御勅使へさし申候、二度目ハぼうさう（烹雑）参、ぐミ一《あり、》向○《きそく》なし、此度のさ
かつき御勅使参て次社務へ被下候、御勅使参、次ニたいのすい（吸）物参、御さかつ（盃
）き参、次秀延ニ被下候て、おさめをき候、今日三こん（献）ハ御勅使計ニすへ申候、

御手洗ニテ

我々ハ御さかつき（盃）計いた、き申候、次ニ御勅使・秀延御手洗参、御てうす（手水）あ

手水

りて神前へ参、はい《(拝)》殿中《まん》ニかねて永《(長)》とこ《(床)》をしき《(敷)》をき、其上ニ御勅使御座候也、
秀延ハ拝殿中よりのつと《(祝詞)》のや《(屋)》のなかほと《(中程)》ニて、西の御殿へそつとふし《(伏)》をか《(拝)》
ミて、東ノ御神前へ参、下陣ニて二拝い《(ママ)》して、さて家来仁御奉物共持来を取て、
大床をのほり御とひら《(扉)》の奉立の東のはうニ太刀のきつさきをそらへかけ
てよせかけて置、馬代・くわんしゆ《(巻数)》箱そなへをく、さて大床ヲ下、けちん《(外陣)》ニて
御勅使へ御拝被成候へと案内申候、勅使御祈念過て、我々ののつと《(祝詞)》をまいらせ、
能々御祈念申候、二拝ス、さて大床をのほり、御奉物共あけ申候、次下しん《(外陣)》ゐ下、
家来ゐ渡し申候、社務不参候時ハ我々西ノ御神前へも奉納申候、今日者社務
見舞被申候間、西の御神前社務へ奉納あつらへ申候、御前あけ被申候て、秀延
方へ奉物共渡し被申候、則奉物共秀延取て御勅使へあけ申候、御くわんしゆ《(巻数)》

秀延、太刀馬代ヲ拝領ス

はこ《(箱)》計也、奉物御太刀・御馬代、秀延拝領《也(ママ)》候間、御馬代五百疋也、請取秀延出申

奉行中山殿

候、奉行中山殿うけ取渡し申候、当社よりすくに上かも《(鴨)》へ御社参候、今日御勅
使へ御礼参、御樽一か《(荷)》両種こふ一わ するめ二れん此分也、御見参候て御さかつき《(盃)》下され、

鴨脚御師

則御勅使被成御納候、目出度存候
文禄四年十一月廿一日

鴨脚御師
秀延（花押）

将亦、勅使私の御奉物御太刀一腰なり、林（禁）裏様のをあけて、其次ニそなへ、下し
ん（外陣）へ下、のつと（祝詞）申候、下ちん（外陣）のほり御太刀上申候、以上

一一九　鴨脚秀延年貢算用状（続紙）

（端裏書）
「□殿

はうり（祝）殿　かミさまへ御引かへさん（算）用状、此内ニ御状あり」

□五月　二わり（割）

□六斗　天正十八年分

□石六斗

□斗二升

□四石三斗二升　天正十九年分

□り（利）八斗八升四合

□石二斗四合　天正廿年分　ねんこう（年号）かハる（変）

□一石四升

三条
転法輪
上様

□六石二斗四升四合　文ろく（禄）二年
□り（利）一石二斗四升八合
□石四斗九升二合　文ろく（禄）三年分
□り（利）一石四斗九升八合
□（合）八石九斗九升　文四年分
此り（利）一石七斗九升八合
□（合）十石七斗八升八合文ろく（禄）五年分

此弐枚日記三てう（条）殿さま
てんほうり（転法輪）殿様かミさまへ御引かへ
申候、日記さん用状案文也、此うつしかミさま
文ろく（禄）五年九月十一日ニ上申候、又かねの
日記、此外ニ上申候、
我々直ニ三様
かミさまへ上申候、
其案文也

□り（利）四斗
□弐石四斗　文ろく（禄）二年分
□り（利）四斗八升
□石八斗八升　文ろく（禄）三年分
此り（利）五斗七升六合

兵部

□（合）三石四斗五升六合　文ろく（禄）四年分

□り（利）六斗九升八合

合四石一斗四升一合　文ろく（禄）五年分

□年十二月廿五日、これよりはしまる御かけ分

□年十月廿二日までの御かけ

合五石一斗

合廿石二升八合

右御かり物共
文ろく五年まて本り（利）加て
さん用仕おもて、又御かけ日記
おもて也

此外兵部御かけ

□升　あり

□壱両（匁）　天正十九年十二月朔日

此り八分八りん

本り合　壱両（匁）八分八りん　天正十九年分

鴨脚秀延

　此り一文め六りん
□り合　六文め三分四りん　天正廿年分
　此り一文め二分八りん
本り合　七文六分二りん　文ろく（禄）二年分
　此り一文め五分二りん
□り合　九文め一分二りん　文ろく（禄）三年分
　此り一文（め脱カ）八分二りん
□合　十文め九分四りん　文ろく（禄）四年分
　此り二文め一ふん八りん　文ろく（禄）五年分
本り以上合十三文め一分二りんか
　　　　　　　　はうり（祝）（花押）（鴨脚秀延）
文ろく（禄）五年九月十二日（十一日）御さん（算用）によう状御本所へ上候正文、けんて
いて（手）也、我々ハか（書）ゝす候
我々直ニ三さま上様へ上申候、又三てう（条）殿さまそんしやう（存生カ）ニ御さ
候時も、御引かへ米かねノふん書立上申候、それもかミさまニ御さ

あるへく候、御らん（覧）し候へと申候

一二〇　下鴨社領祝方年貢納帳（長帳）

下鴨社領祝方年貢

下鴨社領祝方御年貢納申帳之事

文禄五年十月吉日

高合廿六石弐斗八升九合

田数之事

すもゝ

すもゝ
三反廿五歩　五石弐斗四升四合

此めん七斗四升四合

納四石五斗　ひこ三郎

せふてん

せふてん
九畝廿歩　壱石六斗四升三合

此めん三斗四升三合　やき
新二郎

納壱石三斗

くれかいほ　小辻　もりかまへ　ミこ田

くれかいほ
七畝十歩　壱石五斗八升七合
此めん一斗八升七合
納壱石四斗　与七

小辻
壱反　壱石七斗
此めん二斗
納一石五斗　こう 与大郎

もりかまへ
九畝廿歩　壱石七斗
此めん三斗
納壱石四斗　あわた 弥五郎

小辻
一反　壱石八斗
此めん四斗
納一石四斗　ちん四郎

ミこ田

大つゝら　さたうら　よこまくら　はたけ

二反一畝廿歩　三石六斗八升四合

此めん六斗八升四合　新丁 新五郎

納三石

大つゝら
二畝二歩　壱斗八升八合

此めん二升八合

納一斗六升　けん四郎

さたうら
七畝　七斗

此めん二斗　たうきん 新二郎

納五斗

よこまくら
壱反二畝十歩　弐石二斗五升

此めん二斗五升

納弐石　助二郎

はたけ
三畝十歩　五斗

かわいてん
いつミ川
たてくら畠

此めん一斗　　いのし、弥五郎
納四斗
かわいてん
壱反　　壱石
此めん二斗
納八斗　　ちん七郎
いつミ川
五畝十歩　　八斗
此めん四斗
納四斗　　孫九郎
たてくら畠
一畝廿歩　　弐斗五升
此めん五升
納二斗　　き三郎
二畝　　四斗
此めん一斗五升　　小町 孫三郎

納弐斗五升
以上合廿三石四斗四升六合
此内四石弐斗三升六合
めん引
納
拾九石弐斗一升
此外
弐石八斗四升三合
かわら畠京ニ
小百性有
高
合廿六石弐斗八升九合

京ニ小百姓

納帳事
高合 八石

納帳

きし本

いつミ川

はたゝけ

もりかまへ

きし本

一反八畝廿歩　三石一斗七升四合

此めん六斗七升四合

納弐石五斗

いつミ川

一反七畝十歩　弐石九斗四升七合

此めん五斗四升七合

納弐石四斗　小三郎

はたゝけ

四畝十五歩　六斗四升

此めん弐斗四升

納四斗　新丁 孫三郎

もりかまへ

壱十歩　壱石二斗四升

此めん三斗四升

納九斗　かとの 又五郎

以上合八石

たかのうて　のくち　たうのまへ

此内一石八斗一合
　めん引
納六石弐斗
　おさめ分
高合拾石

たかのうて
一反　一石七斗
此めん二斗
納壱石五斗　孫九郎

のくち
九畝廿五歩　一石七斗七升二合
此めん二斗七升二合
納一石五斗　ちん四郎

たうのまへ
弐反　弐石一升二合

たうのまへ

いのしり

下鴨社領中務分・兵部分

此めん一斗一升二合

納一石九斗

一反二畝《たうのまへ》十歩　弐石一斗九升七合

此めん一斗九升七合

納弐石

一反《いのしり》　弐石弐斗三升

此めん五斗三升

納壱石七斗　又五郎《くりや》

以上合十石

此内一石四斗　めん引

納八石六斗

下鴨社領中務分・兵部分

廿九石六斗八升

高合　　　　　　中務分
　　　廿五石九斗七升二合
　　　　　　　　兵部分
以上合五十五石六斗五升二合
此内　四石六升二合ハ
　　　　　　　　かわら畠
十弐石一斗五升ハ

御小局分

　　　　　御小局分
　　　　　大せん殿分
　　　　　ちん四郎分
残
高合　卌九石四斗四升

小こう

小こう
一反八畝　三石二升
此めん一斗六升
　　　　　　　　新七郎

大つゝら

三反田

小こう

みさくた

納弐石九斗

大つゝら
一反二畝　一石七斗五升七合

此めん六斗五升

納一石五斗　けんさへもん

三反田
二反二畝　三石七斗四升

此めん三斗　正せん 与四郎

納三石四斗四升

小こう
二反五畝　四石弐斗五升

此めん二斗　与十郎

納四石五升

みさくた
二反二畝　三石七斗四升

此めん一斗　正せん 与四郎

納三石六斗四升

まへ
しは本
かわらけてん

八《まへ》畝廿歩　一石四斗七升七合
此めん一斗七升七合
納一石三斗　弥四郎《たゝみや》
一《しは本》反六畝十五歩　弐石八斗五合
此めん一斗五合
納弐石七斗　与三郎
八《まへ》畝　一石三斗六升
此めん六升
納一石三斗　与大郎《こし》
二《まへ》畝二歩　三斗五升七合
衛門五郎
七《かわらけてん》畝　一石一斗九升

五つほ

いつミ川

たてくら畠

此めん九升　助大郎

納一石一斗

五つほ　一反二畝五歩　弐石二斗五升

此めん二斗五升

納弐石　又二郎

いつミ川　一反　一石五斗

此めん五升

納一石四斗五升　ひこ七

たてくら畠　一畝廿歩　二斗八升

此めん三升

納二斗五升　かとの　又五郎

たてくら畠　二畝廿歩　二斗七升

大く　与五郎

いつミ川

しは本

たてくら畠

いつミ川
一畝　七斗五升
此めん二升四合
納七斗二升六合　与四郎

いつミ川
九畝　一石三斗五升
此めん五升
納一石三斗　衛門五郎

しは本
一反五畝五歩　弐石六斗七合
此めん三斗
納弐石三斗七合　新衛門尉

たてくら畠
二畝五歩　三斗五升七合

たてくら畠
二畝十歩　三斗八升　弥三郎

四なし

たてくら

此めん一斗三升

納弐斗五升　　　ちん四郎

四なし
弐反九畝　四石九斗三升

此めん三斗三升

納四石六斗　　　衛門五郎

たてくら
五畝　七斗五升

此めん一斗五升

納六斗　　　たゝミや
弥四郎

以上、合卅九石四斗四升

此内めん
二石七斗五升一合

納卅六石六斗八升九合

右之惣高分

惣合十石一斗八升八合

当めん引

惣合七拾石六斗九升九合
当物成
　右之渡しかた
六石　かものはんまいわた（渡）し申候
六斗　正月御ちんくうニわた（渡）し申候
弐斗　又五郎ニ持
五斗　けんさへもん持
壱斗九升　すきかわのかたへわた（渡）し候
弐斗　御小局こめ八月ニ御引かへ候かたへ
三斗　ハらのかたへわた（渡）し候
五斗　ひつのかたへわた（渡）し候
弐石二斗七升　ちやのかたへわたし候
此内一石ハ兵部分
壱石　休意へ
　以上合十一石七斗六升

四拾三石六升
　中務殿入
拾六石　兵部入
そう合七拾石八斗二升
文禄五年十二月廿五日

軽服ノ忌

一一二　鴨脚秀延奉幣番代書置状

（端裏書）
「我々兵部さしあい（差合）ニ付、
ほうへい（奉幣）番代へ申渡候　」

慶長弐年十一月廿七日ニ雲貞遠行申付、我々卅日のきやうふく（軽服）のゆミ（忌）かゝり申、兵部大輔も九十日ゆミ（忌）かゝり申候付、十二月のほうへい（奉幣）まいりてなく候間、番代（ママ）申候て、ほうへい（奉幣）番代まいられ候、無異儀候、為後日如此書置候、以上

慶長弐年十一月廿七日
　秀延（鴨脚）（花押）

一二二　下鴨社領祝方年貢米納帳（長帳）

下鴨社領祝方年貢米納帳

下鴨社領祝方御年貢米納帳之事
慶長弐年十二月吉日
高合廿六石弐斗八升九合
　田数之事

すもゝ

すもゝ
三反廿五歩　五石弐斗四升四合
　　　　　　　　　　ひこ三郎
めん四石五斗四升四合
納七斗

せふてん

せふてん
九畝廿歩　　壱石六斗四升三合
　　　　　　　　　やき
　　　　　　　　　新二郎
めん八斗四升三合
納八斗

くれかいほ
小辻
もりかまへ

くれかいほ
七畝十歩　壱石五斗八升七合
めん九斗八升七合
納六斗
与七

小辻
壱反　壱石七斗
めん一石二斗
納五斗
こし
与大郎

もりかまへ
九畝廿歩　壱石七斗
めん一石二斗
納四斗
あわた
弥五郎

小辻
壱反　壱石八斗
ちん四郎

ミこ田

大つゝら

はたけ分

よこまくら

めん一石
納八斗

ミこ田
二反一畝廿歩　三石六斗八升四合

新丁
新五郎

めん六斗八升四合
納三石

大つゝら
二畝　壱斗八升八合

弥四郎

めん五升四合　八ヾ
納壱斗壱升

はたけ分
七畝廿歩　七斗

たうきん
新二郎

めん弐斗
納五斗

よこまくら

はたけ分

かわいてん

いつミ川

壱反二畝十歩　弐石二斗五升

めん一石四斗五升
納八斗

助二郎

はたけ分
三畝十歩　五斗

めん壱斗
納四斗

弥五郎《いのしし》

かわいてん
二反五畝十歩内　一石

めん八斗
納弐斗

ちん七郎

いつミ川
五畝十歩　八斗

めん四斗

孫九郎

たてくら畠
はたけ田

納四斗
たてくら畠
壱畝廿歩　弐斗五升
き三郎
めん五升
納弐斗
はたけ田之内
一畝　四斗
小町
孫三郎
めん三斗五升
納五升
以上合廿三石四斗四升六合
此内
めん十三石九斗五升九合
納九石四斗八升
此外
弐石八斗四升三合

京者小百姓
鴨社領役者衆年貢米
きし本
いつミてん
はたけ

京物（者）小百姓
小日記分

以上合廿六石弐斗八升九合

鴨社領御役者衆御年貢米事

高合　八石

きし本
壱反八畝廿歩　三石一斗七升四合
さへもん大郎
めん一石五斗七升四合
納壱石六斗

いつミてん
壱反七畝十歩　弐石九斗四升七合
小三郎
めん一石四斗四升七合
納壱石五斗

はたけ

もりかまへ

四畝十五歩　六斗四升　孫三郎

めん三斗四升

納三斗

もりかまへ

九畝　九斗九升　かとの又五郎

めん六斗九升

納三斗

二畝廿歩　弐斗五升　京物（者）

かわら

合八石

めん四石三斗

納三石七斗

今藤文介
たかのうて
のくち
たうのまへ

今藤文介殿おさめ分
高合十石
壱反《たかのうて》　壱石七斗
めん三斗
納壱石四斗
孫九郎
九畝《のくち》廿五歩　壱石七斗七升二合
めん三斗七升二合
納壱石四斗
ちん四郎
弐反《たうのまへ》　弐石一升七合
せん与五郎
めん二斗一升七合
納一石八斗
一反《たうのまへ》二畝一歩　弐石一斗九升七合

いのしり

鴨社領中務分・兵部分

又大郎
めん二斗九升七合
納一石九斗

いのしり
二反　弐石弐斗三升
又五郎
めん五斗三升
納一石七斗

合十石
此内めん
一石八斗一升六合
納八石二斗

鴨社領中務分・兵部分
廿九石六斗八升

高合　中務分
廿五石九斗七升二合

御小局分

小こう

大つゝら

兵部分

以上合五十五石六斗五升二合

此内　四石六升二合かわら畠

同　十弐石一斗五升

御小局分

大せん殿分

ちん四郎分

のこりて

高合　卅九石四斗四升

小こう

壱反八畝　三石六升

新七郎

めん一斗六升

納弐石九斗

大つゝら

壱反十歩　壱石七斗五升七合

三反田

みつくた

めん四斗七合
納一石三斗五升
けんさへもん

三反田
二反二畝　三石七斗四升
正せん
与四郎

めん弐石四升
納一石七斗

小こう
二反五畝　四石弐斗五升
新三郎

めん弐斗五升
納四石

みつくた
二反二畝　弐石七斗四升
正せん
与四郎

めん二斗四升
納三石五斗

まへ

しは本

まへ
八畝廿歩　一石四斗七升七合
たゝミや
弥四郎

めん一斗七升七合
納一石三斗

しは本
壱反六畝十五歩　弐石八斗五合
与三郎

めん二斗五合
納弐石六斗

まへ
八畝　一石三斗六升
こし
与大郎

めん六升
納一石三斗

まへ
二畝二歩　三斗五升七合
衛門五郎

かわらけ田

五つほ

いつミ川

たてくら畠

かわらけ田
七畝　一石一斗九升
助大郎

めん九升
納一石一斗

五つほ
一反二畝五歩　弐石二斗五升
又二郎

めん二斗五升
納弐石

いつミ川
一反　一石五斗
ひこ七

めん五斗
納壱石

たてくら畠
一畝廿歩　二斗八升
かとの
又五郎

たてくら畠

いつミ川

めん五升
納二斗三升

たてくら畠
二畝　二斗七升

大く
与五郎

たてくら畠
一畝廿六歩　二斗八升

与三

いつミ川
五畝　七斗五升

与四郎

めん五升
納七斗

いつミ川
九畝　壱石三斗五升

衛門五郎

めん三斗五升
納一石

しは本

たてくら畠

四反田

しは本
一反五畝五歩　弐石六斗七合
新衛門尉
めん弐斗七合
納弐石四斗

たてくら畠
二畝五歩　三斗五升七合
弥三郎

たてくら畠
二畝十歩　三斗八升
ちん四郎
めん一斗三升
納弐斗五升

四反田
弐反九畝　四石九斗三升
衛門五郎
めん三斗
納四石六斗三升

たてくら畠

蓼倉郷ノ井手ヲ出サヌ者ノ過料ヲ五升ト定ム

はくらう

たてくら畠
五畝　　七斗五升

たゝみや
弥四郎
めん一斗
納六斗五升
高合卅九石四斗四升
　此内
めん五石五斗六升六合
納卅三石八斗七升五合

一二三　蓼倉郷井手過料上納衆交名（切紙）

慶長三年五月
たてくら（蓼倉）の郷井て上能（納カ）ニ候間、出候ハぬ者ハ、五升つゝのくわれう（過料）、郷中として相定させ申候処ニ、不出者在之間、くわれう（過料）出させ申候衆

社家
甚九郎　　同
上番
こさる
与四郎
二郎兵衛　　はくらう
たうしゅん

境内ノ上竹ヲ免除ス

一二四　前田玄以書状（折紙）

（包紙ウハ書）（貼紙）
「「玄以竹木うち取問敷書物歟」

下鴨役者中　　」

當社境内公儀毎年上竹事、自今以後御免之上者、竹木等一切不可掘採・伐採候、縦誰々雖為所望不可有同心、況令沽却儀於有之者可為曲事、為修理用所之時者、遂案内可被随其者也

慶長三

九月十八日　　　　徳善院
　　　　　　　　玄以（花押）

下鴨
役者中

内府御所労
烏丸光宣
宣元

一二五　烏丸光宣御教書（本紙・礼紙）

（包紙ウハ書）
「慶長六年（後筆）六月廿七日」
謹上　鴨祝殿　　越前□
（貼紙）
「就内府御所労御祈事
烏丸（光宣）大納言殿御奉行也」
」

就内府（徳川家康）御所労一七ヶ日御祈事、別而一社一同可被抽丹誠之由被　仰出旨、烏丸（光宣）大納言殿御奉行所候也、仍執達如件

六月廿七日　　宣元奉

謹上　鴨祝殿

一二六　下鴨社神人惣中年寄等在所相論訴状

（包紙ウハ書）
「慶長七年中村
番小屋ノ辺、草（歟）苅申ニ付、

鎌ヲ取ル

松ヲ生ス

在所ノ者草ヲ苅ル

神人惣中年寄

神人訴状　鎌を取候処、在所ノ者共出合打擲申ニ付訴状

（端裏書）「神人一巻　」

当社御かま（構）へいかき（斎垣）の内、御きうせき内、神人こやゐ（小屋居カ）御番ニ預かり申所、かたく相はやすへきよし、度々被　仰出候付、松なへ（苗）をうへ（植）はやし申所ニ、当月九日ニ御在所者くさ（草）をかり（苅）申間、かま（鎌）をとり（取）申候へハ、御在所しう（衆）いて（出）あい（会）、さ（散）ん〳〵（々）にちやうちやく（打擲）付候、然ハたゝかれ候おんな（女）事外いたミ申間、きつと被仰付候て可被下候て、為其申上候、以上

慶長七年

六月十日

当社神人惣中年寄

中村 惣左衛門尉（花押）

同 五郎左衛門尉（花押）

同 市衛門（花押）

同 おゝい（花押）

同 与介（花押）

はうり（祝）殿さま御内

右馬助殿

雑色茶屋屋
敷

一二七　与一等茶屋職請状

（端裏書）「さうしきちやややしき一巻」

我等におほせ《仰》つけ《付》られ候ちややしき《茶屋職》あかはしのそとにし《西》のつら《頬》地口七けん間中のふんうけとり《受取》申候、かたしけなく《忝》存候、たうしや《当社》の御事よろつ《万》御ちそう《馳走》可申候、仍状如件

慶長七年六月廿四日

ざうしき《雑色》しやうはのちや事

与一（略押）

弥衛門（略押）

や三郎（略押）

道清（略押）

与大郎（略押）

与五郎（略押）

祝殿様之御内

右馬助殿参

与一郎（略押）

西町ノ北新町

一二八　彦九郎等西町之北新町屋敷請文

（端裏書）「慶長七年中務大輔内加賀当各
ひこ九郎・ひこ五郎・ひこ七、三人ニやしきあつけ候一巻」

当所西町之北新町之儀、先年御才覚□被成、御造宮料ニ御付候屋敷之内、宗喜ニ□（御）持被成候やしき分、口九間間中余、奥卅□（三）今度可被召上候由、被仰出候へとも、如何様ニも御□可仕由申上候処ニ、只今又両三人ニや□（し）□（き）則えす（絵図）ニはん（判）をすへ、あけ申候、向後も無（少）沙汰□敷候、若慮外仕候ハヽ、彼やしき可被召□為後日状如件

慶長七年

八月八日　彦九郎（花押）

彦五郎（略押）

彦七（略押）

炎旱
烏丸光宣
越前守重延

鴨脚中務大輔殿様御内
　　加賀殿
　　　参

一二九　烏丸光宣御教書（本紙・礼紙）

（包紙ウハ書）
「（貼紙）
「旱及数日民間愁ニ付御祈
　大納言殿御奉行」
謹上　鴨祝殿　　越前守□」

（包紙端裏書）
「慶長九年」

炎旱及数日、民間之愁尤甚、一七ケ日一社一同可抽精誠之由被仰下旨、大納言（烏丸光宣）殿御奉行所候也、仍執達如件
　六月十四日　　越前守重延奉
謹上　鴨祝殿

一三〇　鴨社祝叙位系譜

豊秀

鴨社祝豊秀六十四才

申　正四位下

秀延

前祝秀延六十五才　慶長九年八月一日叙正四位下

依例申

祝息中務卅五才

申　従五位上

豊秀

豊秀十八才　天正十一年五月三日叙正五位上

依例申

秀治

中務息秀治五才

申　従五位下

中務九才　慶長九年八月一日叙従五位下

依例申

秀清

祝二男秀清廿七才

秀俊

御手洗ノ茶屋
御洗手会

申　従五位下
祝三男秀俊十五才
申　従五位下

一三一　五郎左衛門尉等茶屋請文

(端裏書)「当所者みたらし(御手洗)のちやや(茶屋)の儀付一巻」
たうしや(当社)ミたらしゑ(御手洗会)十日間ちや(茶)屋被仰付候、然者、御ちしせん(地子銭)九百文あけ(上)申
候内、弐百文、あつかり(預)両人へ御ふち(扶持)に被遣候のよし被仰候間、渡し申候、此ち(茶
や屋)屋七人之内、一けん(軒)もよ(余)の人にさはかせ候ハヽ、みなめし(召)あけ(上)られ候、一こ(言
ん)も御わひ(詫)事申ましく候、仍状如件

慶長拾年七月廿日

五郎左衛門尉（花押）
弥左衛門（花押）
七郎衛門（花押）

大郎兵衛（略押）
与三五郎（略押）
弥五郎（花押）
与一郎（花押）

ひやうふ〔兵部〕殿御内
右馬助殿　参

一三二　鴨脚豊秀鴨御祖太神宮参籠祈禱巻数

鴨御祖太神宮
一七ケ日参籠御祈禱事
右奉　為
金輪聖皇・玉体安穏・天下泰平・国土安全・五穀豊饒・四海静謐・万民快楽・所願成就、皆冷〔令〕満足之由、奉抽丹誠之状、仍勒巻数如件
御師

慶長十一年九月吉日

豊秀《鴨脚》

敬白

女院御前

祝職ハ兵部大輔ニ譲ル

一三三　鴨脚秀延申状（続紙）

女院御前様久敷御目被下候、まこと《誠》に〱かたしけなき事、いつのよ《世》にわすれ《忘》申候ハんや、心にも筆にもおよ《及》ひかたくそん《存》したてまつ《奉》りおハしまし候、それにつき御そせう《訴訟》申上候、このむねよく〱御ひろう《披露》なされ候て被下候者、かしこ《畏》まりそん《存》し候

一われらわつらい《患》、いほりむしとりつめ申と、せんと《先度》しこう《祗候》いたし《致》申のち《後》、四五日ハふくちう《腹中》へゆミつ《湯水》のかよ《通》ひも御さ《座》なく候て、めいわく《迷惑》つかまつ《仕》り候、さやうに御さ《座》候へハ、年より《寄》ともいけん《意見》申、よろつ《万》てんちかへられ、当社へ御りうくわん《立願》共申候へと申事

一たうしや《当社》はうりしよく《祝職》の事、兵部太《大》輔ニわたし《渡》申たくそん《存》し候、このよし《由》女院御前様被仰上、御内々ニてうへき《上儀》御うかゝ《伺》いなされ候やうにたの《頼》ミ

たてまつり《奉》そんし《存》候

秀延三位ヲ切望ス

一われら事、本ふく《腹》つかまつり《仕》候ハヽ、当社大中小社たいてん《退転》の社御さうくう《造宮》心におよひ申たけとりたて、社地ニさんろう《参籠》いたし、いよ〳〵御きたう《祈禱》つかまつり《仕》申候ハんと、御りうくわん《立願》かけ申事

一われらくわんゐ《官位》三み《位》事、そんしやう《存生》ニこれ《ある》うちにいたゝき申たくそんし《存》たてまつり《奉》候、こんしやう《今生》・こしやう《後生》のうつたへ《訴》にまかりなる事御さ候あひた《間》、うへき《上儀》おほせ《仰》御とゝのへ《調》なされ、くわんゐ《官位》いたゝき申やうに、女ゐんの御前様被仰上候て下さるへき事

一ひやうふ《兵部》の大輔事、われ〳〵と　おほしめし、あいかわらす、いへ《家》のたち《立》申やうに、へつし《別》て　御め《目》をかけられせしやう《世上》にあなつり《侮》申候ハぬやうに、御め《目》をかけられ候て下され候ハヽ、かたしけなく《忝》そんし《存》たてまつり《奉》おハしまし候

同名衆汚穢不浄ノ火ヲ食ベル者多シ

一はうりかた《視方》、われ〳〵とうミやうしう《同名衆》みな〳〵《皆》しやはう《社法》をあひやふり《破》、わへ《汚穢》ふしやう《不浄》のひ《火》をたへ《食》、物いミをそむき《背》、しんたい《身躰》をくつ《屈》しなから、うえき《上儀》を申かすめ《掠》、しややく《社役》にのそミ《望》をかけ申候とも、よく〳〵御きうめい《糺明》をと《遂》

けられ、当社物ゆミ《忌》むね《旨》ニまかせ《任》まいらせ候て、いよ〱御きたう《祈祷》たかへ《違》
くそんし《存》たてまつりおハしまし候、なを〱くわしき事わ《は》ひやうふ《兵部》の太
輔申あけ候事

社法

一当社之き《儀》、しよしき《諸式》しやほう《社法》のむね《旨》ニおほせ《仰》出され候やうに、御ひろう《披露》たの《頼》
のミたてまつりそんし《存》候事

鴨脚秀延

慶長十一年十一月一日　　鴨はうり《祝》
　　　　　　　　　　　　秀延《鴨脚》（花押）

そち《師》殿御つほね《局》
　　御ひろう《披露》

一三四　鴨脚豊秀申状（続紙）

鴨脚豊秀

当社祝職ノ事ヲ答フ

おほえ

とよ□《(ひ)(て)》

一たうしや《当社》はうりしよく《祝職》のき《儀》につき、御たつね《尋》なされ候、かたしけ《忝》なくそん《存》
したてまつり《奉》候、われらたうしや《当社》ミふた《御簡》にいり《入》、四十あまり《余》にまかり《罷》なり
候、こんにち《今日》まてしんほうこう《神奉公》もつはら《専》にいたし《致》、しやさん《社参》をつかまつり《仕》

秀延、当社ノ造営ニ奔走ス

神木

天下ノ大乱
神領・社領ノ検地

候て、しやほう《社法》のことくふつきりやう《服忌令》のむね《旨》にあいまほり《相守》、物いミ《忌》けんこ《堅固》につかまつり、しんしやう《身上》すこし《少》もしやはう《社法》にたかへ《違》す、はつと《法度》をまもり、てんか《天下》御きたう《祈祷》つかまつり候事

一おやしやもの《親者者》ひでのふ《秀延》、たうしや《当社》のき《儀》、ちうこう《中古》たいは《大破》におよひ《及》、じやない《社内》かたち《形》もなく、くさやふ《草藪》にまかりなり、じんりよ《神慮》もあめつゆ《雨露》ニおかさ《侵》れおはしまし、しやうたい《正体》なきしやない《社内》に御さ《座》候ところを、三十ケねん《年》におよむて、なんきやう《難行》くきやう《苦行》、さま〳〵のさいかく《才覚》をまハ《廻》し、しんしやう《身上》をこんか《米糠》になし、じやない《社内》をしやう〳〵《清浄》にきよめ《浄》、ほんしや《本社》・まつしや《末社》、れき〳〵に御さうくう《造宮》をとりたて、くわふん《過分》の御ひつかへ《引替》いたし、てんか《天下》しよこく《諸国》のともから《輩》しやうけ《上下》はんミん《万民》をくち《口》にかゝり、たうしや《当社》のき《儀》かん《勧》し申、むかし《昔》にたちかへり、大しや《社》のかたち《形》いてき《出来》おハしまして、なミき《並木》をう《植》へ、かさなり〳〵しんほく《神木》おきやまのことくなしたてまつり申候事

一御そせう《訴訟》申大くら《蔵》の大夫、七十さい《歳》よ《余》におよひ《及》、じやない《社内》御さうくう《造宮》・しやさん《社参》、ならひにてんか《天下》たいらん《大乱》のときも、又しんりやう《神領》・しやりやう《社領》御けんち《検地》につき、さま〳〵きつかい《気遣》つかまつり候とき、一と《度》も見まい《舞》申さ

祝職ヲ切望ス

師局

す、ことにしやおん（社恩）くわふん（過分）にくた（下）されなから、あまりにしんりよ（神慮）をかろ（軽）しめ、ほしいまゝのき（儀）に御さ（座）候、あまつさ（剰）へわか（我）しんしやう（身上）はかりたいし（大事）にいたし、あき（商）人をつかまつり、しよこく（諸国）をめくり、はう〳〵（方々）にてわいふしやう（猥不浄）をもゐらます（は）、あしき（悪）ひ（日カ）ふた（札カ）し、すちうねん（数十年）このかたこんにち（今日）にいたるまで、およ（及）ひ、そのしんしやう（身上）にてくら（暮）し、御しんほうこう（神奉公）つかまつ（仕）らす、あまつさ（剰）へうへき（上儀）よりおほせくたされ候はうりしよく（祝職）なにかと申あけ候事、ふんへつ（分別）にあたハす候、このほう（方）ハせんねん（先年）なしくたされ候御ほう（奉）しよ（書）御けんし（検使）たうしや（当社）のきわめ、こと〳〵くあいまもり（相守）申候うへハ、はう（祝）りしよく（職）きつと（急度）おほ（仰）せつ（付）けられ候てくた（下）され候ハ、かたし（忝）けなくそん（存）したてまつ（奉）るへく候

けいちやう（慶長）十一年

十一月朔日

そち（師）殿

御つほね（局）

御ひろう（披露）

一三五　鴨御祖太神宮巻数

鴨御祖大（太）神宮　御祈禱事

右奉為

天下泰平・国土安穏・御武運長久・御子孫繁昌・所願成就円満、皆令満足

之由、奉抽丹誠之状如件、仍勒

御巻数、謹以解

慶長拾二年

五月吉日

一三六　御蔵入庄屋三河等愛宕郡鴨石高指出写

板倉勝重へノ指出

（端裏書）「慶長拾三年ニ板倉伊賀守（勝重）様上申候御指出うつし」

下山城愛宕郡下鴨指出事

下鴨社領分
御蔵入分
伊与局
日野局
長橋
せんちゐん
御車そひ衆
上賀茂社領分
南御所
建仁寺分
松梅院分
豊国領分

一 惣高千弐百六拾弐石四斗八合
此内
五百四拾壱石者　下鴨社領分
百四拾八石六斗九升者　同御蔵入分
弐拾石七斗壱升者　伊与(豫)殿御局
三拾五石者　権之助殿　日野殿御局
弐拾六(石脱カ)斗者　御こやさま　長橋殿
三拾石者　せんちゐん殿
九拾五石者　御車そひ衆
三百拾九石四斗四合者　上賀茂社領分
弐斗八升者　南御所
六升四合者　建仁寺分
四拾六石弐斗壱升者　松梅院分
五石四斗五升者　豊国領分
合千弐百六拾弐石四斗八合

板倉勝重
小林猪兵衛
中村勝兵衛

此外
三拾壱石六斗三升弐合者　境内分
御朱　印別紙ニ在之
右、此外少も隠置不申候、以来相違之事御座候者、拙者共あやまりに可罷成候、
如御法度可被仰付候、為其一札指出上申候、仍如件

慶長十三年
三月四日

御蔵入
庄屋
三河
甚四郎
源左衛門
新右衛門
甚左衛門

板倉伊賀守（勝重）様　御内
小林猪兵衛殿
中村勝兵衛殿

一三七　鴨御祖太神宮巻数

鴨御祖太神宮
御祈禱事
右奉為
天下泰平・国土安全・御武運長久・五穀豊饒・四海静謐・万民快楽・所願成就、皆令満足之由、奉抽丹誠之状、仍勒御巻数如件
慶長拾五年今月吉日

一三八　柳原業光奉書

（包紙ウハ書）
「（貼紙）
「院御不例ニ付御祈
柳原弁殿奉行　九左衛門光藤」
謹上　鴨禰宜殿　光藤」

就　院（後陽成上皇）御不例御祈之事、別而一七ケ日一社一同可被抽丹誠之由被仰出旨、柳

柳原業光
岡本光藤

原弁（業光）殿御奉行所候也、仍執達如件

（慶長十七年）五月廿日　　岡本九衛門
光藤（花押）

謹上　鴨禰宜殿

徳川家康社領安堵ノ朱印状ヲ與フ

一三九　徳川家康朱印状写（切紙）

（端裏書）「権現様御朱印写留　　下鴨社家中　」

当社領山城国下鴨内五百四拾壱石之事、全社納幷境内諸役令免除訖者、守此旨、神事・祭礼無怠慢、弥可抽天下安全懇祈之状如件

元和元年七月廿七日

一四〇　板倉勝重定書写

定　　下鴨神宮御境内

一不可伐採森林竹木事

一不可放飼牛馬幷草苅事

一諸殺生禁断之事

一毎月十六日掃除等厳重可被沙汰、幷白砂壱駄宛可被入　神前庭、若背此式日令懈怠者、為過怠白砂拾駄宛可被入之事

一物忌（服）量（令）事、可被任　当社先規之例、諸式社法之次第聊不可有相違事

一恒例之神事不可被陵廢、若違例之社家在之者令改易彼社恩之地、可被附御修理料事

一御修理等事、聊不可有油断事

右条々任先規之例、相定訖、若於違犯之輩者、可被處厳科之旨、依仰下知如件

元和元年八月　日　伊賀守（板倉勝重）源判

当社祝造営奉行中　写

毎月十六日ニ白砂一駄ヲ神前庭ニ入ル

板倉勝重

一四一　徳川秀忠朱印状写

台徳院様（徳川秀忠）

徳川秀忠社領安堵ノ朱印状ヲ與フ

当社領山城国下鴨内五百四拾壱石之事并境内諸役等、弥任去ル元和元年七月廿七日先判之旨、永不可相違之状如件

元和三年七月廿一日　御朱印

下鴨社家中

一四二　徳川秀忠朱印状写（折紙）

徳川秀忠丹波国観音寺村内十石安堵ノ朱印ヲ鴨脚秀延ニ與フ

（端裏書）「台徳院様御朱印写」

丹波国船井郡観音寺村之内拾石事、如前々全収納不可有相違者也

元和三
八月廿八日　御朱印

下鴨祝
中務大輔（鴨脚秀延）とのへ

信心大施主

一四三　鴨御祖太神宮巻数

鴨御祖太神宮
御祈禱事
一七ケ月御宮廻
御祝言
御祓除
右奉為　信心大施主息災延命・武運長久・子孫繁昌・所願成就・如意満足、抽丹誠所状如斯
元和三年初秋吉辰

一四四　鴨御祖太神宮巻数

鴨御祖太神宮
御祈禱事

征夷大将軍

御宮廻　千度
御祝言　千度
御解除　千度
御本地供　千座
仁王経　千部

右奉為
征夷将軍　御武運長久・御息災延命・御子孫繁昌・天下泰平・国土安穏・五穀豊饒・四海静謐・風雨随時・万民快楽・所願成就、皆令満足、抽丹誠之状、仍勒御巻数如件
元和五年己未今月吉日
「将軍様御巻数之本」

一四五　鴨御祖太神宮巻数

（端裏書）「元和七年　巻数留」

一七ケ日御祈禱

女躰

鴨御祖太神宮
一七ケ日御祈禱事
御宮廻百度
御祝言七ケ度
御解除七ケ度
右奉為
女躰安全・御息災延命・御子孫繁昌・一天泰平・四海静謐・万民快楽・
所願成就・皆令満足・福寿増長、奉抽丹誠之状、仍勒収如件
元和七年正月吉日

一四六 鴨御祖太神宮巻数

鴨御祖太神宮
御祈禱之事
御宮廻　百度

御信心女大
施主

御祝言　七箇度
御祓除　七ケ度

右奉為
御信心女大施主御息災延命・武運長久・御子孫繁昌・皆令満足・所願成
就、悉抽丹精状、仍勤御巻数如件
元和七年今月吉日

一四七　鴨御祖太神宮巻数

八てうさま

一七箇日参
籠御祈禱

(端裏書)「八てうさま御巻数の本」
鴨御祖太神宮
一七箇日参籠御祈禱事
御宮廻　千度
御祓除　七ケ度
御祝言　七ケ度

一品親王

一七箇日参籠御祈禱

国母

右奉為
一品親王　御息災延命・福寿増長・御願円満・如意安全・風雨随時・万民快楽・五穀成熟・御子孫繁昌、抽丹誠所状如件
元和九年正月吉日

一四八　鴨御祖太神宮巻数

（端裏書）「女院さま御巻数の本」
鴨御祖太神宮
一七箇日参籠御祈禱事
御宮廻　千度
御祓除　七ヶ度
御祝言　七ヶ度
右奉為
国母女院陛下　御息災延命・御願円満・福寿増長・如意安全・風雨随時・万

武家衆

信心大施主

民快楽・五穀成熟・御子孫繁昌、抽丹誠所状如件

元和九年正月吉日

一四九　鴨御祖太神宮巻数

（端裏書）「武家衆ニ遣候御巻数之本」

鴨御祖太神宮

御祈禱事

御宮廻　百度

御祓除　七ケ度

御祝言　七ケ度

右奉為

信心大施主　御武運長久・息災延命・子孫繁昌・万民快楽・如意満足、抽

丹誠所状如件（斯ゝ）

元和九年今月吉日

一五〇　鴨御祖太神宮巻数

女院御方御平産

（端裏書）「元和九年
女院御方御平産巻数」

鴨御祖太神宮

一七箇日御祈禱之事

御宮廻　千度

御祓除　七ケ度

御祝言　七ケ度

右奉為

女御陛下

女御陛下　御息災延命・御産平安・御子孫繁昌・御願円満・如意長久、抽丹誠所状如件

元和九年今月吉日

慶寿院
下鴨大工職

安富孝長

竹村左衛門
尉

一五一　安富孝長書状案（折紙）

（端裏書）
「案文　竹村より見せ申候」

従慶寿院殿様被仰出候下鴨大工職之儀付申分候之条、今日事始儀可被相延
旨、対御社務可被申越由被仰出候、於御由（油）断者可為御越度由、堅可申旨候、恐々
謹言

安富左衛門充

正月十四日　孝長在判

竹村左衛門尉殿

一五二　進藤光盛書状（折紙）

猶々れうしに候てハ、いか、にて候間、此者ニ可給候、為其文はこ（箱）進之候間、よくふう（封）を御
つけ候て此者に御わたし（渡）候へく候、かしく

御大工
竹村方
関白

就御大工之儀、先日竹村方書状あつけられ候、然者種々申事共者、従　関白殿
様御預候間、早々此者ニ返し可被申候由候、為其態令申候、慥ニ此者ニ無相違
可有御渡候、此由相心得可申由被仰出候、恐々謹言

進藤左馬允

正月十五日　光盛（花押）

中務（大）太輔殿（鴨脚秀延）
御宿所

一五三　進藤光盛書状（本紙・礼紙）

（礼紙ウハ書）
「（封黒引）
進藤左馬允
中務（大）太輔殿　光盛」
御宿所

御大工
竹村左衛門
尉

（切封跡アリ）
当年之御慶珍重々々、更不可有休期候、仍旧冬就御大工之儀、竹村左衛門尉か
たへ御使之儀、従　大閤様被仰付候処ニ、大政所殿様御前無別義申調候由、竹

大閤
大政所

村一筆幷彼用脚之請取状乍二通　関白殿様へ御上候、則彼状之案文於御前御写候て御退出候き、自然従何方も御尋雖在之、在様之段御返事可被申事肝要ニ思召候、若少も虚言又ハ私曲かましき事於被申候者、可為曲事由、堅被仰出候、為其急度令申候、尚以面可申述候、恐々謹言

進藤光盛

正月十六日　　光盛（花押）

中務太(大)輔殿
（鴨脚秀延）
　御宿所

賀茂在方ニ言社ノ木作始日ヲ勘進ス

一五四　賀茂在方二言社木造始日時勘文（折紙）

（端裏書）
「在方(賀茂)　」

鴨二言社木作始日

今月廿二日戊子　時辰

廿四日庚寅　時辰

可奉居神殿日

廿八日甲午　時巳

遷宮日
賀茂在方
二言社造進

二月五日庚子　時辰
遷宮日
　廿五日甲午　時戌
　五日庚子　時戌
正月十九日　　在方

一五五　飯尾為種書状（折紙）

二言社二宇御造進事、只今伺申候、目出候由被仰出候、此分御局へ可被申入候、
恐々謹言
正月廿二日　（飯尾）為種（花押）
鴨社祝殿

替地ヲ伊木常次ニ渡ス

権田之親

加喜左

板倉勝重

一五六　権田之親書状（折紙）

一筆申入候、仍而松下殿・祝殿御社領之儀、先日ゟ御書付被下候間、其通替地を伊木半七殿（常次）へ渡申候処、于今彼社領御渡無之由、御両所御迷惑之旨被仰候間、何様にも可然様ニ被仰付候て御尤候、我等者如御書付之替地をも渡申候上ハ相違有間布と存候処、于今彼地御渡無之候、兎角御分別次第ニ候、今日但馬へ罷下候之間、委細御両所可被仰入候、恐々謹言

権小三
之親（花押）

正月廿三日

加喜左様

板四郎右様（勝重）　人々御中

一五七　若狭国丹生浦刀禰百姓中若菜進上状

（切封跡アリ）

畏□（而）申上候

御若菜
鯛
海苔

丹生浦刀禰
百姓中

賀茂祝中務
松下民部
伊木常次

抑御若菜色々之事
鯛　壱懸半
海苔　七丸半
已上
誠乏少雖憚御座候、従地下刀禰然魚拾五進上仕候、猶　御目出度、追而可申上
候、恐惶謹言
正月廿五日　丹生浦
刀禰百性(姓)中
鴨右馬助殿

一五八　片桐且元書状（折紙）

以上
先日之御状今朝拝見申候、仍賀茂祝中務・松下民部知行之事、前之御朱印面
丹州にて候へ共、去々年伊木半七(常次)ニ被下申ニ付而、今度小三殿(権田之頼)ゟ替知被遣、如

権田之親

板倉勝重

加喜左

前之賀茂両人ニ可遣由候へ共、小三ゟ御渡候替知、今迄之所ゟ六七里奥にて、物成も二つ成も無之所可有御渡との儀候間、半七餘ニ迷惑ニ存候、伏見丹波方ニ小三殿旧冬尋申候へ共、但馬へ御越にて不能面談由候、小三殿御代官所、則半七知行近所ニ餘多御座候間、か様之所も被下候へかしと我等迄理被申候、更背御意申にてハ無之由候、今一往小三へ被仰候て可然所御渡候様ニ可被成御異見候、今迄の所ハ七つ物成在之由候、此度之替知ハ二つ成もなく候て、六七里遠由候、恐々謹言

片市正

二月三日　且元（花押）

板四郎右殿（板倉勝重）

加喜左殿

御報

神宮寺御普請
汁衆
神人衆
ふんこ子
三河
伊賀
御若菜

一五九　三河・伊賀連署書状（竪折紙）

尚々ふんこ（豊後）参候間、かた〳〵一筆申上候

今朝者御札拝見仕候、仍神宮寺御普請、今日汁衆罷出被仕候、其辺水ふかく御座候て自由ニ仕候事成不申候、大略牛馬入申間敷と各申事候、森之儀かたく各申届申候、又先日被仰候植松今日神人衆持せ出申候、則ふんこ（豊後）子御案内罷出申候、かた〳〵一筆申上候、恐惶謹言

二月十六日　　氏勝（花押）

「（ウハ書）
（封墨引）
祝殿様人々御中　　かもより
三河
伊賀　」

一六〇　若狭国丹生浦刀禰百姓中書状

（切封跡アリ）
抑御若菜色々之事

鯛
海苔
貝鮑
丹生浦刀禰
百姓中
前右府出陣
中山親綱

一　鯛　壱懸半
一　海苔　七丸半
　　貝鮑　十貝（乏少之至御座候へ共、地下より進上申候）
　　　已上
右之分為御嘉例如此京進せしめ候、此旨目出度御披露所仰候、恐惶謹言
　三月二日　丹生浦刀禰百性(姓)中
鴨右馬亮(助)殿

一六一　中山親綱御教書（本紙・礼紙）

(包紙ウハ書)
「謹上　祝殿　加賀守親善奉
(貼紙)
「就前右府御出陣義御祈事
　中山大納言殿御奉行」」

就前右府出陣之儀、御祈事別而一社一同可被抽丹誠之由被仰出之旨、中山中(親綱)納言殿御奉行所候也、仍執達如件

加賀守親善

三月十一日　　加賀守親善奉

謹上　鴨祝殿

賀茂在方遷宮吉日ヲ勘進ス

一六二　賀茂在方書状

（端裏書）
「日次注進　（賀茂）在方」

来廿八日丙辰遷宮事、吉日候、戌亥両時吉時候、可有御遷宮候、恐々謹言

三月廿二日　　在方

一六三　若狭国丹生浦刀禰百姓中書状（本紙・礼紙）

（礼紙ウハ書）
「（封墨引）　丹生浦
鴨右馬助殿　　刀禰百性（姓）中　」

（切封）

三郎四郎

御書之趣各承畏存候、随而去年御秋成之儀ニ、三郎四郎殿切々被成御催促候

へ共、在所不弁申ニ付而延引迷惑仕候、然者去年免之儀つゝミ・同きたゝ半そ(損)ん〔〕ニ御侘言申上候へとも、調成かたく御座候より未御納所不仕候、然共御社納分者半納之通、弥左衛門尉殿へ御引かへを頼申合候条、定而別儀御座(有欠カ)間敷候、此等之趣可然様御披露所仰候、恐惶謹言

丹生浦

三月廿二日　刀禰百性(姓)中

鴨右馬助殿

弥左衛門尉

丹生浦刀禰
百姓中

一六四　生熊源介書状案（折紙）

態以折帋申候、仍下鴨社領祝分小早苗年貢米之事、先度御見(検)地砌、水帳之内相除候處ニ、彼神供米于今無沙汰由曲事候間、急度催促可申候、恐々謹言

三月　生熊源介

松崎

下鴨社領祝
分小早苗年
貢米

生熊源介

松崎

三宅
川村新介

倭文庄公用
去年ノ如ク
運上セラル
大河原貞尚
松下民部大
輔

三宅殿
川村新介殿
百姓中

一六五　大河原貞尚書状（切紙）

（包紙ウハ書）
「大河原弾正左衛門尉
松下民部大輔殿
参　尊答　貞尚」

（切封跡アリ）
芳翰之旨令拝閲候、仍御巻数幷扇子二本被贈下候、毎事御懇意過当至極候、随而
倭文庄御公用之儀於心底雖無疎略候不如意之躰候条、先如去年被運上候、猶
委曲山本信濃守殿へ申入候之間、可被得貴慮候、恐惶謹言
卯月八日　貞尚（花押）
松下民部大輔殿

一六六　柳原資定御教書（本紙・礼紙）

（包紙ウハ書）
「（異筆）「依天変御祈」

謹上　鴨社祝三位殿　兵庫助久直奉

（切封）
（異筆）「日野一位殿ゟ」
」

天変御祈事、従来廿六日、一七ケ日可被抽精誠之由被仰出候、此等之由同可被下知一社之旨、日野一位殿（柳原資定）仰所候也、仍上啓如件

四月十九日　兵庫助久直奉

謹上　鴨社祝三位殿

（礼紙ニ封墨引アリ）

天変御祈
日野資定
兵庫助久直

一六七　甘露寺経元御教書（本紙・礼紙）

（包紙ウハ書）
「謹上　鴨社祝殿　佐渡守国次奉」

（異筆）
「天変ニ付御祈」

天変御祈事、撰良辰一七ケ日別而一社一同可被抽丹誠之由被仰出候之旨、大（経元）納言殿御奉行所候也、仍執達如件

四月廿八日　佐渡守国次奉

謹上　鴨祝殿

天変御祈
甘露寺経元
佐渡守国次

一六八　若狭国丹生浦刀禰百姓中書状

（切封跡アリ）
畏而申上候

抑御夏成色々事

一和布　百弐十五帖

夏成
和布

飛魚　一飛魚　五百枚
鯱　一盆供鯱　七十五枚
心太　一心太　七丸半
夏成銭　一夏成銭　参百八文
以上
鯖
大網ノ場　誠雖乏少憚御座候、従地下鯖三指幷刀禰ヨリ鯱壱連進上申候、大網之場被取候ニ付而、此外之御成目者調不申候て不致進納候、此趣御披露所仰候、恐惶謹言
丹生浦刀禰
百姓　六月廿五日　丹生浦刀禰百姓
鴨右馬助殿人々御中

一六九　賀茂在方一言社木造始日時勘文

賀茂在方一　（端裏書）「一言社造替日時事」
一言社造立日

言社造替ノ日時ヲ勘進ス

始木作日
七月一日丙午　時卯午
立柱上棟日
八月十日甲申　時卯巳
立柱次第　先東、次西、次北、次南
遷宮日

遷宮日
廿二日丙申　時戌寅
六月廿七日

尼子経久公用銭ヲ運上ス

一七〇　尼子経久書状（切紙）

（切封跡アリ）
御公用銭去年分千疋致運上候、委細之旨、使可申候、恐惶謹言
六月廿八日　（尼子）経久（花押）
鴨祝殿

長谷川貞綱
松下

進覧候

一七一　長谷川貞綱書状（切紙）

「（包紙ウハ書）
松下殿へ　　　　長谷川二郎左衛門尉
　　まいる　人々御中　　　　貞綱」

（切封）
当年之為御祝儀、以書札被申入候、近年如御所納千疋被致進送候、此旨可得御意候、恐惶謹言
　　壬六月五日　　　　貞綱（花押）
松下殿へ
　まいる　人々御中

一七二　南大路長勝・泉亭祐房連署書状（竪折紙）

（包紙ウハ書、後筆）「此内書状内蔵（泉亭祐房）□（頭）状なり、これも当社之社務なり、祐房事也、此以後祐豊社務存知也、はうり事にて□所、何之社務よりも如此候」

以上

今度祝殿ゟ被仰合御馳走、於我等祝着申候、内々申合候八木参石並苅分三段所務以内毎年可進之候、聊不可有相違候、恐々謹言

七月十日　（南大路）長勝（花押）

（泉亭）祐房（花押）

弥三衛門

社務

祐房

（ウハ書）「

（封）中書まいる

申給へ

南大路長勝

泉亭祐房

」

鴨西御大工
柳原淳光
真継高久
竹木ノ折岳

一七三　柳原淳光御教書（折紙）

鴨西御大工証文事、従竹村方被請取、于今延引不可然候、早々伝　奏江可被渡
申候、若於不沙汰者、急度可被仰出之旨、日野中納言（柳原淳光）殿所仰候也、仍状如件

真継兵庫助

高久（花押）

九月十四日

鴨脚中務大輔殿

一七四　松田政行書状（折紙）

（後補包紙ウワ書）
「松勝右状
竹木折紙之書状　」

態申入候、仍当社竹木之折岳請取持せ進之候、慥ニ可有御請取候、猶追而可申
入候、恐々謹言

松勝右

松田政行
下鴨惣中

丹州観音寺村
権田之親

松下以久
伊木常次

十月九日　　　　政行（花押）
　下鴨
　　惣中

一七五　松下以久書状（折紙）

尚々社領之義、本領之義候間、無別□被成御渡候て可被下候、以上

丹州観□（音寺村カ）両人社領之儀付、内府様江得御意候処ニ、則□被仰出、御折紙被下、其方□（参候）候処ニ、一途御返事無之候、時□候間、急度権太（田）殿へ可被成御返事候、丹州ニ御座候由承候間、以使者申入候処、其地ニ御座候由□さて又以使者申入候、社領之儀候間、無別義此方へ可被渡下候、猶此使可申入候、恐々謹言

十月十二日　　松下民部大輔
　　　　　　　以久（花押）
伊木半七（常次）殿

丹州観音寺村

権田之親

伊木常次

松下以久

鴨脚秀延

一七六　伊木常次書状（折紙）

以上

御状拝見仕候、丹州観音寺村拙者知行之内、社領之由候て、去年板倉殿御折帋御取候て給候、拙子も　御朱印之所相替、右之観音寺村御切手ニ而被下候、其内被遣候へハ、御切手ほうく（反古）ニ罷成候間、如何可有之与御理申入候へハ、被成御得心、其地へ替地可被参之由候て相済、我等所務仕候処、又当年権太（田）小三郎（之親）殿御折帋給候、致祗候、右之通可申与存、御報延引仕候、近日御番ニ候之条、相勤候て罷上御理可申上候、以此上も相替儀候者可承候、恐惶謹言

伊木半七

拾月十四日　常次（花押）

松下民部（以久）大輔様

祝中務（秀延）大輔様

御報

丹州観音寺村
亀山奉行
権田之親
松下以久
鴨脚秀延
伊木常次

一七七　松下以久・鴨脚秀延連署書状案

丹州観音寺村社領□（之）儀、以御□（朱）□（印）社納申候処ニ、去年貴様被成御かまい□（候）付、
当年京御奉行以　内府様得御意候処ニ、如先々任　御朱印可致社納由被仰
出、則京御奉行衆より亀山御奉行権太（田）小三郎（之親）殿、先度被仰越候、則権太（田）小三郎
殿より貴様御折帋被参候へ共、未御返事無之候、権太殿より貴様御返事一通
承、社納可仕候、被仰候、為其以使者申入候、時分柄之儀候間、権太（田）殿御返事被下
候者、畏可存候、猶使可申入候、

松下民部太（大）輔
以久名代判

十月十四日

祝中務太輔
（鴨脚）秀延在判

（裏書）
「伊木半七様
人々御中　案文」

菅屋長古
真継兵庫助

一七八　菅屋長古書状案（折紙）

以上

鴨社務・祝・禰宜職如先々叡慮次第可被仰付候、若於社中違乱之輩候者、信（織田）長急度可被申付候、弥御祈祷簡要ニ候、此等之趣可預御披露候、恐（ママ）々惶謹言

十月廿一日　菅屋長

長古判在

真継兵庫助殿

一七九　泉亭祐房書状（折紙）

先度御下之折節者、路次違候て不懸御目候、御書物御北向へ参候弥三郎より下候由申候間、届可申候、万御才覚肝要候、次爰元之事、可有御推量候、御仕合能御沙汰候て御上洛奉待候、恐々謹言

泉亭祐房

賀茂在方一言社造替ノ日時ヲ勘進ス

十月廿六日　　先社 祐房（泉亭）（花押）

「（ウハ書）（封墨引）　　先社 祐房

祝殿 参」

一八〇　賀茂在方一言社造替日時勘文（折紙）

（端裏書）「一言社造替日時事」

可被立社日

上棟日

十一月六日己酉　時辰

遷宮日

十三日丙辰　時戌

十五日戊午　　時戌

十月廿八日　　在方（賀茂）

丹州御知行
加藤喜左衛門
板倉四郎右衛門
松田政行

一八一　松田政行書状（折紙）

丹州御知行之儀ニ付、加藤喜左衛門殿・板倉四郎右衛門殿従御両人之折帋取候て進之候、相替事候者、可被仰下候、恐々謹言

十一月朔日　　松勝右
政行（花押）

下鴨
　祝殿
　　人々御中

一八二　若狭国丹生浦刀禰百姓中書状（折紙）

乍恐以書状申上候、仍而此浦之田地之事、市円不作之義ニ付而、津々見北田免之義申入候處ニ、無別儀四分一之通被下候、則御書付下給候間、其内弥左衛門殿御下之時、懸御目委雖申入候、重而百姓以申上候、可然様ニ被仰上、右之通可被下事専用ニ存候、将又乏少千万之至御座候へ共、貝鮑拾貝、鱈壱喉令進上候、此等之趣被成御心得、御披露所仰候、恐惶謹言

十一月十日

丹生浦
刀禰百姓中

鴨右馬助殿

（封墨引跡アリ）

津々見北田

貝鮑・鱈

丹生浦刀禰
百姓中

鴨右馬助

節季色々
神田之荒巻
鯖
小鯛
鮭
丹生浦刀禰
百姓中
鴨右馬介

一八三　若狭国丹生浦刀禰百姓中書状（折紙）

（切封）

御節季色々事

一神田之荒巻
一つなき鯖　五ツ
一ひつの小鯛
一ひ之魚之鮭　一尺

以上

右之趣、可然様ニ御披露所仰候、恐惶謹言

丹生浦
十一月十日　刀禰百姓中

鴨右馬介（助）殿

（封墨引）

一八四　泉亭祐房書状（折紙）

我等可罷下候へ共、弥三下申候間、無其儀候、以上

一社領之分、無御別儀之由、目出度存候

京方野畠

一京方野畠之事五石弐斗四升、我等分三石三斗六升五合、御貴殿分
五石三斗、社務・弥三何もとりあつめ候て之分

一弥三書状を休雲へ遣候て、与次を以、たしかに相渡候、弥三下申候間、其通
能々可被仰候

静原・岩倉
一乗寺

一静原・岩倉・一乗寺、これも弥三指出とも渡申由候間、弥三下つき済可申
候

松田政行

一先度者我等も松勝様（松田政行）へはからい候て、上候て、貴殿御下之日、路次ちかい候
て無念存候、乍去貴下御下向之事、誠ニ今度ハ神慮と存知、此方にて我等も
くつろき申候、すてに今日者人を下可申由申候処ニ、目出度御左右中〱
大慶無是非候、弥被入御精御才覚専一ニ候、猶御上洛之時を待申候、恐々謹
言

泉亭祐房

伏見
御茶
泉亭祐房

十一月十六日　（泉亭）祐房（花押）

「（ウハ書）（封墨引）
□　□
祐房　」

一八五　泉亭祐房書状（竪折紙）

返々昨日者不参候て御残多存候

昨日者用所候て伏見まかりこし候て、所存之外存候、乍去今朝被召寄候て御茶被下候、万々忝存候、何も爰元御光御之時分以面拝可得御意候、恐々謹言

十一廿五　（泉亭）祐房（花押）

より

（封墨引アリ）祝様人々　旦然

御中

「（裏書）一御くせんの案文

一こきりかミ案文　」

冬雷ノ御慎
甘露寺経元
佐渡守国次

夫役

一八六　甘露寺経元御教書（本紙・礼紙）

（包紙ウハ書）
「（貼紙）
「冬十二月依雷鳴御祈
甘露寺大納言殿奉行」

謹上　鴨社祝殿　　佐渡守国次奉」

去月十八日冬雷事御慎不軽、一七ヶ日別而可被抽丹精之由被仰出候、同可被
下知一社之由、甘露寺大納言（経元）殿奉行所候也、仍執達如件

十二月十二日　　佐渡守国次奉

謹上　鴨社祝殿

一八七　下鴨雑掌伊吉書状（折紙）

（端裏書）
「夫役ニ付社中より書案〻」

従前々夫役不仕候社家下人共

源二郎　　小三郎

社家下人ハ夫役ヲ勤ムルコトナシ夫銭

下鴨雑掌

松田政行

孫三郎　　又三郎
与四郎　　彦九郎
彦五郎　　次郎大郎
二郎大郎　与十郎
与七郎　　助五郎
与三郎

右社家下人共者、社内之下役仕付而、従先々夫役仕事無御座候、此外社家衆内ニ
御給人方へ渡申田地相拘申候處ニ夫銭被懸申、迷惑仕候、如有来被仰付而可
被下候

下鴨雑掌

十二月十九日　伊吉（花押）

松田勝右衛門尉殿（政行）

社家下人

社家衆同下人ニ夫銭ヲ課ス

前田玄以

吉田庄四郎

一八八　前田玄以書状（折紙）

（包紙ウハ書）「武家下知状

社家下人共人足

せん（銭）□法印様折帋」

態申入候、下鴨社家衆同下人已下ニ夫銭可出旨候て、御催促之由候、社領と出来之百姓わけ被仰付、御手前へ参候分於被召遣、社家之儀者御分別尤存候、恐々謹言

民部卿法印

極月十九日　玄以（前田）（花押）

吉田庄四郎殿

人々御中

一八九　見検日記断簡

（端裏書）「見検之帳面也」

見検日記

御領(霊カ)口道より南はしの畠
弐斗四升　　下かも　与二郎

同所
三斗六升　　下かも　与二郎

御領口五つほ
三石一斗六升三合　　又二郎

［　］しやう田
一石弐斗　　ちん五郎

しかほそ
二石四斗　　孫九郎

つかめくり
一石六斗　　甚三郎

□(つ)かめくり
一石　　同人

うつろ
七斗　　しん四郎

□(う)つろ
壱石八斗　　二郎大郎

□道より西のはたけ
一斗六升　　　　　　ちん五郎
□より東
八升　　　　　　□□五郎
六升五合　　　　　　源四郎
右之分見検之帳面也
（裏書）
「二斗六升　　　　　　かき畠
同　　　　　　かき畠」

一九〇　鴨社社司某申状土代

社司氏人神供備進ノ次第

一神前〔供〕備進之節、社司・氏人等出仕候而伝供仕、両官供進申候御廊役、近代小預と申下役人御廊之半ニ相構、御棚御料屋ゟ舁居申候、近代神事怠転仕、其上社司・氏人無為ニ御座候故、社司弐人〔手■〕○氏人○〔二人〕漸々出仕候而、御料供進仕候、依然御廊事迄小預舁居御膳申候、五年以前、禰宜・祝御廊役膳部ニ申付候へとも、是以先例無御座候故、当年ゟ停止申付候、先規ハ社司三十職、氏

社法社式上古ノ法式ヲ守リタシ

氏人御廊役ヲ勤仕セズ

氏人菊下野

人数十人御座候而伝供仕候得者、祝詞屋御廊迄充満仕相勤申候、近年御祭御再興成被下、結構ニ被執行候へハ、社司中難有奉存、別而躰不奉存、少々之神事、社家之力ニ及申程之儀ハ再興仕、形計ニ執行仕、社法・社式も上古之法式ヲ相守勤度奉存候故、近代誤申儀ハ、社司（両官）考先規相務申候、社司・氏人も次第多人数ニ罷成、当時社司十三人氏人二十四人御座候而、年始三ケ日、節分、十五日御戸開、四月○（両度之）御祭[redacted]名越神事、十月冬祭神事等、社司・氏人等出仕候而伝供仕、御神事厳重ニ執行仕候、然処御廊役氏人相勤候様ニ両官申付候へとも、氏人之内弐三人及異義○（背）禰宜・祝之[redacted]（背）下知、神前をも不憚、高声ニ而対両官慮外事のミ申、何共迷惑仕、○（当春も）既神供をも及闕如躰ニ相見へ申候故、御廊役も社司ゟ可相務と申候へハ、無余儀祝詞屋へ出役義相務、終ニ御廊役務不申候、社司方ゟハ毎物穏便ニ仕（致）置、其後氏人等呼寄、御廊役義、氏人勿論之子細為申聞候得者、承知候而一度伝供之節、御廊役へ氏人勤仕候而、神前之儀式も可然御座候処ニ、其後氏人菊下野と申者又異論申出、神供備進之節、袴ニ而神前へ来、杖をつき乍立、小預・下役人を呼、御棚如元昇直候様ニ申付、若祝・禰宜ゟ異義申候ハ、我等相手ニ可成と広言

鷲尾故大納言伝奏

女房奉書伝奏一通

武家ノ下知状

申、我[redacted]〔意を〕振廻申候、下野と申者ハ年中神供役一度も勤不申、無奉公仕のミならす、身分をたかふり、社司・氏人等同之様ニ相心得、気随のミ申、両官之下知も聞不申、言語同(道)断、いたつら者ニ而御座候、先年茂鷲尾故大納言殿伝奏之節、公事大成経御製〔制〕禁之事、被仰出、氏人中ゟハ両官へ手形取置、両官ゟハ伝　奏へ手形可仕と被仰付候処、両官へ手形仕間敷由伝　奏へ参上候而、過言とも申上候故、伝　奏御立腹被成候而、当分之遠慮被仰付候へハ、御侘申上候而一札仕候、向後挟私之害申間敷と降参仕候、経年月候へハ、又々任我意神前も不憚、不慎〔事〕のミ、於〔申〕社司方へ何とも気毒ニ奉存候、畢竟狂人同前と存候而〔両官〕相手ニ成不申候所、弥勝にのり、何共気毒ニ奉存候、則先年伝奏へ指上申候一札書写候而入御覧候事

一先規〔者〕○女房御奉書・伝奏一通・武家之下知状祝へ被下候、社法・社式祝下知仕、氏人中ゟ一札を取、不法之義無御座候、両官之下知相守申候、只今之氏人ハ身分をたかふり、神前之役義も大床之辺迄推参申〔此所ニ女房奉書・伝奏一通・武家下知状〕、伝供之社司可立置様も無御座候、祝詞屋迄ハ社司御廊役氏人相務申候様ニ被仰付被下候ハヽ、神前之儀式も可然奉存候事

菊下野
田中掃部

氏人ニ御廊役ヲ勤仕セシメンコトヲ請フ

一去年六月廿　日(マヽ)、伝　奏江両度被召、参上仕候処、各越渡預り、氏人衣冠停止被仰付候、其趣氏人へ申渡候へハ、先年ゟ相済候而別義無之、預弐人之衣冠、当年停止被仰付候ハ、定而両官ゟ訴訟申候而被相止候と氏人中相心得、此時ゟ禰宜・祝を悪ミ、下知をも相背候而迷惑奉存候、当春ハ別而菊下野・田中掃部と申者之所意ニ而、氏人中及異義申候、御祭前、漸々目出度御祭礼之沙汰も有之〔仕候〕節、ケ様之義〔異論之事〕申上■〔義〕、何とも迷惑ニ奉存候へ共、併■■〔当〕ケ様ニ氏人ゟ異論申候而ハ、下役人迄も猥ニ成、社司之下知も承不申候てハ、御祭も無為ニ執行難仕奉存候故、御断申上候、乍恐氏人等禰宜・祝下知ニ相随候而、御廊役相務候様ニ被仰付被下候ハヽ、難有可奉存候事

右書上之通、御廊役氏人相務候へハ神前之儀式も厳重ニ相見、下役人等迄も其職を相守、互ニ■〔申〕分無御座候而、年中諸神事も無為〔無〕無事ニ執行仕候へハ、第一者御神忠、又者社法・社式も可然〔相立〕御座候、祠官・氏人之差別、下々迄も神役を■〔励候而〕而務申事御座候、聞召被為分候而被仰付被下候ハヽ、忝可奉存候、以上

権田之親
伊木常次

片桐且元
権田之親
観音寺村

一九一　松下元之書状

（端裏ウハ書）
「（封墨引）　祝中務大輔殿
参
御宿所
松兵部大輔
元之」

存事候、小三郎（権田之親）殿より相渡候ハヽ、万端ニ付よろしく候ハんと存候、半七（伊木常次）殿へ手前より去年分可取申心中候、但いかゝ候ハんや、御分別なされ候へく候、われ／＼播州へ明後日二日ニ下申候間、民部と入魂候て、人をくたし候へく候、様子被仰候て明日中ニ人を可下候、以上

態以吏（使）者可申入處ニ、衛門次郎此方へ被来候条、令啓候、仍丹州知行相済候て令満足候、就其民部夜前大坂より上洛仕候、当納分早々人を下、所務可仕由、市（片桐且元）正殿へ伊木半七よひ候て、民部と両人なから被申事候間、来三日ニ人をくたし候て尤存候、我等も人をくたし可申候、又去年分ハ権田小三郎（之親）殿より可取由被申事候、然ハ半七殿よりも権田殿へ一昨日人を被下候、定而観音寺ニ彼吏（使）

御領道

出雲路道

者いまた待申候はんとかしく

一九二　鴨社領御領口見地日記案

（端裏書）
「御領口　出雲之高　けんち帳うつし　」

見地日記安文《とめ》

御領道（霊カ）より南はしの畠

○弐斗四升　　下かも　よ二郎

○三斗六升　　下かも　よ二郎

いつも（出雲路）し道より西ノはたけ

道ノ西
壱斗六升　　ちん五郎

道よりひかし
八升　　ちん五郎

同所きしのわき
六升五合　　けん四郎

西の畠

○一斗八升七合　　よ二郎

○四斗　　　　　　　　よ二郎
二斗一升三合　　　　　同

一九三　某訴状土代

（端裏書）
「社法等之事
禰宜ゟ乱候ニ付書付」

下鴨社法式

一下鴨社法式之儀、自往古奉書御下知□なしくたされ、社内屋敷□以下諸職代々申付来候事、

御手洗六月会茶屋

一みたらし六月会式ニ我等茶や屋敷代々□故、去年の会式ニ我等申付茶や□敷のくいをうたせ候處ニ、主膳と申禰□事□さきのくいをぬきすて、理不尽ニ茶屋をた□せ申候、其時分　伊州様御留主の□恩田金右衛門尉殿・金子内記殿まて御理□御留主の事ニ候間、重而御ことハり申上候□被仰候、其段々内記殿可為御存知候、□

禰宜衆

一当社禰宜衆、代々いつれもの家ニ会式□屋敷ニさし出たる衆無御座候處、主□新儀なる事を申かけ候、会□進□に罷成候間、急度被仰付、彼主

□被召出被聞召分、（彼主膳被召出）被仰付可被下候者、忝可存候、以上

一九四　鴨社領若狭国丹生浦知行分注文案

（端裏書）
「若狭注文案文」

鴨社領若狭丹生浦知行分事

一　秋成分

神まつりひつうを代　弐百文

神田あらまき（荒巻）代　百文

せつき（節季）のあらまき（荒巻）代　百文

火うをさけ代　百五十文

とねよりさかな代　弐百文

秋成公用銭　六貫九百文

たちん一た　八百文

正月わかな代　五百文

秋成分

あらまき代

あらまき代

火うを

秋成公用銭

あこ

夏成公用銭

夏なり

以上合八貫九百五十文

一　夏成分

あこ

千五百こん宮代　　参貫七百五十文

百《てうめ》廿五てう□代　　弐貫五百文

七十五《ほんくのうを（本供）》こん□代　　百□

夏成公用銭　　□貫十七文

たちん二た　代　　壱貫六百文

以上合八□百五十四文　　□以上十七貫六百四文か

一九五　和泉守若狭国丹生浦夏成注進状

（端裏書）「わかさ事　」

夏なり

め
とひうを
こゝろふと
しひ
さは
あわひ
大網

のほ（上）るへき色々　はんふん（半分）のふん（分）
一め（海布）　百廿五てう　ひろさのほんハ一てうしきにて候
一とひうを（飛び魚）　千五百まい
一こゝろふと（心太）　七まるなから
一しひ（鮪）のあちやきれ五
一ほんく（本供）のさは（鯖）　七十五こん
一うらてめのあわひ（鮑）の代　六百十七□
一大あみ（網）□（わ）けくちの料足御とくふん（得分）
一大あみ（網）の御とくふん（得分）しひ（鮪）　見かき　さは（鯖）
さわらめのほかとり候色々のうを
一とねま□（へ）□（よ）り料足七百文　二くわんの内、のこるふん
のほり候御れうそく（料足）ハ、いつれもゑりせん（撰銭）
にてあるへく候
一らいなう（来納）の事、藤衛門□□おほせ（仰）下され候
二貫文うけとり（請取）て上られ候へく候

和泉守
田中郷検地
経所灯明料
字太門前
たんく田
とちやうつくり
きれつゝミ
京の室町
いのは、
おにかかいと
いのは、

いつミ（和泉）守（花押）

一九六　鴨社領田中郷検地注文案（続紙）

鴨社領之内田中御検地ニ付而相違之分

　　経所灯明料

字太門前
　四段　　弐石三斗五升　　作人田中　新丞

□（ふ）□（し）原
　壱段　　三斗　　同　久左衛門

たんく田
　壱段　　弐斗二升　　京のあかね屋　孫左衛門弁

とちやうつくり
三斗　　田中　久介

　　同社領右馬助分

きれつゝミ
壱段　　三百文　　京のむろまち　治部

いのは、
壱所　　三百五十文　　作人しもかも　次郎太郎

おにかかいと
壱段　　七斗　　同　三はん

□（い）のは、
壱所　　弐斗　　同　次郎太郎

おにかかいと
森かまへ
いのは、
はたけ田
京のかりかねや
京今出川町
かわら者
いけ田内
のかミ
大ミそ
京の立うり

おにかかいと半　三斗　同　彦七
森かまへ壱段　壱石壱斗五升　同　弥五郎
□（い）のは、壱所　五斗　同　源四郎
はたけ田壱所　壱斗五升　田中　あさ兵衛
いのは、壱所　百廿五文　京ノかりかねや　弁
同　五十文　京今出川町　のふ阿ミ弁
同　五十文　かわら者　孫太郎
いけ田内弐斗五升　吉田　弥七郎
いのは、五斗二升　田中　又五郎

同社領公文分

のかミ壱所　百五十文　田中　小左衛門弁
大ミそ壱所　六十六文　吉田　三衛門弁
三はん壱所　弐斗五升　但、社家右馬助けんたい分　田中　浄貞跡
大ミそ壱段　四百文　京の立うり　升屋宗作弁
大ミそ壱所　弐百五十文　相国寺養源院弁

いのは、

おにかかいと

京の今出川

出雲かいと

いのは、　壱所　八斗　下かも弥五郎

おにかかいと畠地子　壱所　百廿五文　同所弥五郎

同　壱所　百廿五文　同所次郎大郎

同　壱所　百十七文　同　新七郎

同　半　百文　同　孫三郎

同　半　百文　同　与五郎

いのは、はたけ　壱所　三百文　京　惣兵衛

同社領経所帯釈灯明料

いのは、　壱段　八斗　田中新丞

いのハ、　四十文　京の今出川　いわふや弁

同社領備前分

出雲かいと　壱所　百文　下かも道慶

同　壱段　弐百文　同　与五郎

同　半　百文　同　与次郎

同社領膳部分

こな
おにかかいと
森かかまへ
くほ
畠田
やふの下
京道
から畠

こな壱段　八斗　田中弥七郎

同社家公人分

おにかかいと壱石三斗　下かも新七郎

森かかまへ九斗八升　同　与五郎

社家中務分

くほ三斗　田中与衛門

畠田壱段　役者新二郎壱石三斗　同　そうとく

森かかまへ四斗七升　下かも弥大郎

以上三拾六石八斗五合歟

右外村井殿御折帋有之中務大輔分

西うら壱段　壱石　田中弥七郎

やふの下太　弐斗五升　同人

京道壱段　八斗　同人

から畠壱所　六斗三升　同人

合弐石七斗五升六合歟

一九七　鴨社領田中郷田地作人注文案

（端裏書）
「下鴨社領田中郷在之田地作人等」

下鴨社領田中郷在之田地

大門田
・四段　弐石三斗五升　作人　新丞弁

ふし原
・壱段　三斗　同　久左衛門

たんくう田
・壱段　弐斗二升　京ノあかねや　孫左衛門

畠田
・壱段　壱石三斗　同　そうとく

のかミ
・壱所　本銭百五十文　同　小左衛門

くほ
・三斗　同　与衛門

大ミそ
・壱所　本銭六十六文　吉田作人　三衛門

三はん
・壱所　弐斗五升　作人　浄貞跡

大ミそ
・壱所　本銭四百文　京ノ立うり升屋弁

はたけ田
・壱所　壱斗五升　作人　あさ兵衛

下鴨社領田
中郷

大門田
ふし原
京ノあかね
や
畠田
のかミ
くほ
大ミそ
三はん
京ノ立うり

いぬいすミ
相国寺養源院
下京かりかねや
今出川のふあミ
たうのうしろ
はり屋
長田
のかみ
いのはゝ
京ノ今出川
おにかかいと

・いぬいすミ壱段　八斗まへハかりわけ　同　新丞
・大ミそ壱所　本銭弐百五十文　相国寺養源院弁
・いのはし壱所　本銭百廿文　下京かりかねや清衛門
・同　五十文　今出川のふあミ（阿弥）
・同　五十文　孫大郎
・たうのうしろ壱所　壱貫五百文　はり屋ふろ弁
・長田壱所　但きれつゝミ　壱貫文　一段三百文　とりやふち　同人
・のかみ壱所　弐百文　同人
・いのはゝ四十文　京ノ今出川いわふや
・同　八斗　弥三郎下地新開　作人かも弥五郎
・同　五斗二升五合　田中作人又五郎
・同　六斗　作人かも弥五郎
当郷ニ在之下地
・おにかかいと畠地子壱所　米壱斗二升五合　作人下かも次郎大郎

森かまへ
おにかゝいと
大工
いけ田

・同 壱所 同壱斗二升五合
・同 壱所 同壱斗一升七合
・同 壱所 同壱斗
・同 壱所 同壱斗
・同 壱所 同弐斗五斗(升カ)
・同 壱所 同壱斗
・同 壱所 同壱斗
・同 壱所 同壱斗
・同 壱所 同壱斗弐斗(升カ)
・森かまへ 壱段 同五斗六斗(升カ)五升(合カ)
・森かうしろ 四斗七升
・おにかゝいと 壱石三斗
・森かまへ 九斗八升 おにかゝいと
・とちやうつくり 三斗
・いけ田 弐斗五升

同 弥五郎
同 新七郎
同 孫三郎
同 与五郎
同 三はん
同 道慶
同 与四郎
同 与次郎
同 彦七
同 弥五郎
弥大郎
新七郎
大工 与五郎
久介
吉田 弥七郎

こな
やふの下
いのは、

・こな壱段　八斗　田中弥七郎
・やふの下太　二斗五升　同人
・いのは、壱所　三百文　京ノ惣兵衛
以上十七石五斗八合か

一九八　鴨社領公田田地注文案

遠江国河村庄　公田三十町
美濃国梅原庄　公田四十町
紀伊国仁《ニヽ》儀庄　公田三十町
長門国厚狭庄　公田三十町
土左(佐)国津野庄　公田三十町
讃岐国葛原庄　田地六十町
因幡国土師庄　田地四十町
安芸国竹原庄　四十町

備後国勝田庄　田地四十町
備中国富田庄　六十町
但馬国土野庄　田地五十町
丹後国木津庄　田地四十町
摂津国小野庄　四十町
近江国高嶋庄　五十町
越前国志津庄　田地四十町
越中国倉垣庄　田地三十町
越後国石河庄　公田四十町
丹波国三和庄　公田四十町
美濃国席田庄　公田十五町

(ウハ書)「但壱町付十五石之算用
以上合七百四十五町、米合壱万壱千壱百七石五斗」

花押・印章一覧（鴨脚家文書）

本冊収録の文書に記されている花押と捺されている印判を選定の上、番号順に掲載した。

六　右中将

八　近定

一〇　守武

一三　刀爾（略押）

一八(一)　松田頼亮（花押影）

一八(二)　治部貞兼カ（花押影）

一九(一)　松田英致

一九(二)　諏訪長直

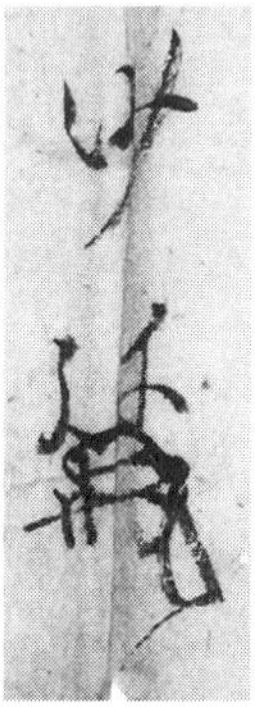

二一　尼子経久

二三　尼子経久

二四　尼子晴久

二五　尼子晴久

二六　森脇久貞

二七（一）　飯尾堯連

二七（二）　松田藤頼

三二（一）　松田盛頼

三二（二）　飯尾盛就

三三（一）　松田藤頼

三三（二）　飯尾盛就

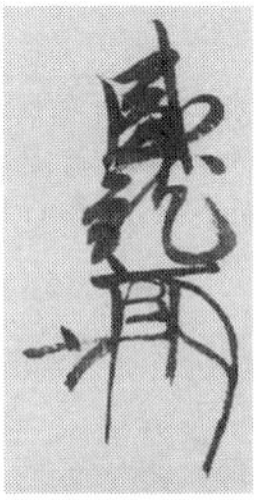

三五（一）　蒲生定秀

三五（二）　隠岐賢広

三七　又兵衛

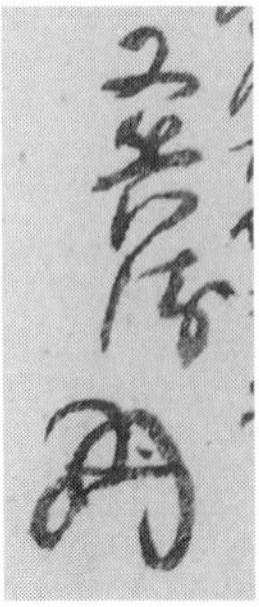

四〇　まこゑもん

四二　太郎ゑもん

四四　ひこ五郎

四五　与七

四六　よ三郎

四七　又五郎

五〇　竹村治昆

五二　竹村治昆

五三　竹村治昆

五四　柳久継

五五　仏師屋中将

五六　仏師屋中将

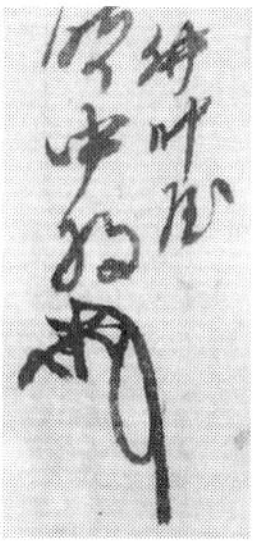

五八　竹村治昆

五九(一)　播磨

五九(二)　玉泉坊

五九(三)　南大路長周

五九(四)　鴨脚秀延

五九(五)　光浦

五九(六)　泉亭祐房

五九(七)　祐雄

六一　粟津勝久

六六　和多田秀堅

六七　やさへもん

七〇　井家豊家

七一　井家豊家

七四(一)　長実

七四(二)　伊照

七四(三)　伊直

七四(四)　伊　永

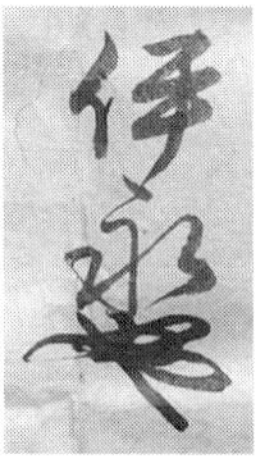

七四(五)　田中伊貞

七四(六)　北大路伊右

七四(七)　伊　乗

七四(八)　南大路長勝

七四(九)　鴨脚秀延

七四(一〇)　祐　豊

七四(一一)　泉亭祐房

七六　加賀守親善

八三(一)　衛門四郎

八三(二)　彦　七

八三(三)　道ゆう

八三(四)　彦左衛門

八四(一)　衛門四郎

八四(二)　彦　七

八四(三)　道ゆう

八四(四)　彦左衛門

八五　鴨脚秀延

八九　加賀守親善

九〇　加賀守親善

九一　下鴨雑掌

九二　下鴨役

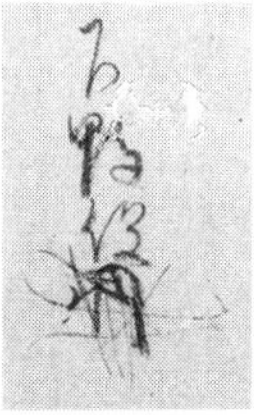

一〇四(一)　加賀守

一〇四(二)　出雲守

一〇四(三)　甚三郎

一〇四(四)　甚四郎

一〇四(五)　弥三郎

一〇四(六)　又次郎

一〇四(七)　又三郎

一〇四(八)　甚八

一〇四(九)　孫九郎

一〇四(一〇)　甚五郎

一〇四(一一)　弥五郎

一〇四(一二)　若狭守

一〇四(一三)　新二郎

一〇四(一四)　新三郎

一〇四(一五)　土佐

一〇四(一六)　上番

一〇四(一七)　又五郎

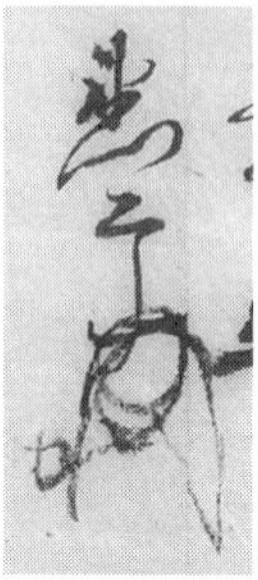
一〇四(一八)　衛門二郎

一〇四(一九)　新七郎

一〇五　梨木祐豊

一〇六　伊直

一〇七(一)　安数

一〇七(二)　伊照

一一一　岡本保望

一一三　前田玄以

一一六　鴨脚秀延

一一八　鴨脚秀延

一二一　鴨脚秀延

一二四　前田玄以

一三六(一)　惣左衛門

一二六(二)　五郎左衛門

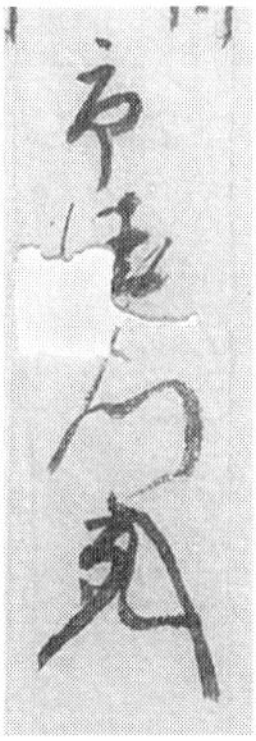
一二六(三)　市衛門

一二六(四)　おゝい

一二六(五)　与介

一二八　彦九郎

一三一(一)　五郎左衛門尉

一三一(二)　弥左衛門

一三一(三)　七郎衛門

一三一(四)　弥五郎

一三一(五)　与一郎

一三三　鴨脚秀延

一三八　岡本光藤

一五二　進藤光盛

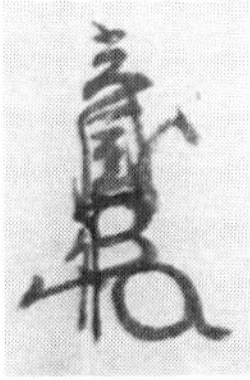
一五三　進藤光盛

一五五　某

一五六　権田之親

一五八　片桐且元

一五九　氏　勝

一六五　大河原貞尚

一七〇　尼子経久

一七一　長谷川貞綱

一七二（一）　南大路長勝

一七二（二）　泉亭祐房

一七三　真継高久

一七四　松田政行

一七五　松下以久

一七六　伊木常次

一七九　泉亭祐房

一八一　松田政行

一八四　泉亭祐房

一八五　泉亭祐房

一八七　伊　吉

一八八　前田玄以

編纂後記

本書は、未刊行の八坂神社所蔵の文書・記録を『新編八坂神社文書』『新編八坂神社記録』の二編に分けて刊行するうちの『新編八坂神社文書』である。

八坂神社ではこれまで所蔵する古文書・古記録を『八坂神社記録』（上・下二冊、大正十二年）、『八坂神社文書』（上・下二冊、昭和十四・十五年刊）、『増補八坂神社文書』（平成六年刊）、『新修八坂神社文書』（平成十四年刊）として刊行してきた。しかし、本神社には未刊行の古文書・古記録が数多く所蔵されており、そのなかには下鴨神社（「賀茂御祖神社」「鴨御祖神社」）の社家鴨脚家に伝来した「鴨脚家文書」や、豊国神社に関わる古記録（伝来不詳）も含まれている。

本編『新修八坂神社文書』には、そのうち新出の八坂神社伝来の中世文書（三十八点）と先の『新修八坂神社文書』に収録できなかった近世文書（五二一点）を「八坂神社文書」として、また、「鴨脚家文書」のなかから元和以前の中近世文書五二一点を選び収録した。

このうち「八坂神社文書」の中世文書（三十八通）は五巻の巻子装に仕立てられて残る（巻頭部分に時代順に収録）。また、「鴨脚家文書」は八坂神社が昭和十七年（一九四二）に鴨脚家より購入したものである。なお、古記録は豊国神社関係のものを含め、すべて第二編『新編八坂神社記録』に収録する。

本編収録の「八坂神社文書」には、これまでほとんど知られることがなかった近世の神社組織「林廻衆中（林評議座）」に関わるものが数多く含まれる。「林廻衆中」とは、社代・社僧たちを構成員とし、近世において神社運営の核となっていた評議組織をいい、その活動は神社の財務運営、門前町の統治など多岐にわたる。

たとえば、「林廻衆中」が「祇園之河原之道」と「大和おほち《大路》の西」の「こう《巷》所」を「芝居」に提供したことを伝える寛永十三年（一六三六）の「林廻衆評議記録写」（一五四号。林廻衆の評議記録〔元和八年〜正保三年〕は第二編に収録予定）は、八坂神社（祇園社）が近世初期のいわゆる「四条河原」の開発にいかに深く関わっていたことを示すものである。また、年未詳の断簡ではあるが（慶安頃と推定される）、「四条河原」の差配権をめぐって大政所が祇園社の役者二人（山本大蔵・上河原熊之助）を訴えた文書も残っており（五五七号）、これまでほとんど知られることのなかった当該地区と本神社の関係がこれらの文書によってあきらかとなる。

また、新たな歴史的事実を浮かびあがらせる文書も少なくない。元和元年（一六一五）五月、京都所司代の板倉勝重等三名が連署で人質を出すことを「祇園村」に命じた下知状はその代表的な一通で（一〇六号）、大坂夏の陣の直前の緊迫した社会状況をよく伝えるものといえる。徳川家康が治安の維持のため京都周辺の村々の庄屋・肝煎より人質を取ったことは諸記録（『義演准后日記』『梵舜日記』）により知られていたが、今回、この一通の出現により、それが具体的にどのような形で現地に伝達されていたかがはじめてあきらかとなった。

このほか著名な人物の事績があらたに判明したものとしては、儒者の朝山素心（意心庵。朝山日乗の孫）に関わる文書がある。「意心庵素心伴天連吉利支丹宗旨法度請状」（一五〇号）と、その門弟九人が連署する「意心庵内経時等吉利支丹宗旨転び証文」（一五三号）である。ともに祇園社に提出された文書で、素心がまちがいなく祇園社の境内に居所を定めていたことがこの二通の文書によって確認できた。また、「意林庵内」の九名が連署する「吉利支丹宗旨転び証文」は、素心が「意林庵一家中」「学問衆」（一五〇号）として多数の「転び吉利支丹」を抱えていたことを示すものであり、その学問的な環境を考える上できわめて興味深い文書といえる。

「鴨脚家文書」の伝来した鴨脚家は下鴨神社にあって祝職を世襲した家柄であり、その多くは、南北朝時代以降、歴代の当主が祝として勤めた祭事・社殿造営、および祝家としての家領支配に関わるものによって占められている。それらのうち特に注目されるのは、鴨脚家が家領として支配していた若狭国丹生浦、出雲國安来庄に関わる文書である。その大半は下鴨神社の所領を国別に整理した『加茂御祖皇太神宮諸国神戸記』に収録されているものの、同記では誤って筆写されている箇所も少なくなく、今回は正文によってそれらをすべて点検・訂正した。

また、「鴨脚家文書」には、天正九年（一五八一）七月の「鴨社法式条々」（七四号）や、天正十四年正月の「下鴨社一社連署替地請文写」（九三号）など、下鴨神社の「一社」の存在形態を伝える文書も数多く含まれており、中近世の史料の乏しい下鴨神社にあって、その歴史を知る上できわめて重要な文書となっている。

平成二十六年三月

八坂神社文書編纂委員
下坂　守

新編 八坂神社文書（第二部）全二冊

平成二十六年三月三十日 初版発行

編　者　八坂神社文書編纂委員会

発行者　片岡　敦

印　刷　亜細亜印刷株式会社

製　本

606-8204 京都市左京区田中下柳町八番地

発行所　株式会社 臨川書店

電話（〇七五）七二一-七一一一

郵便振替 京都〇一〇七〇-二-八〇〇

ISBN978-4-653-04087-3 C3021